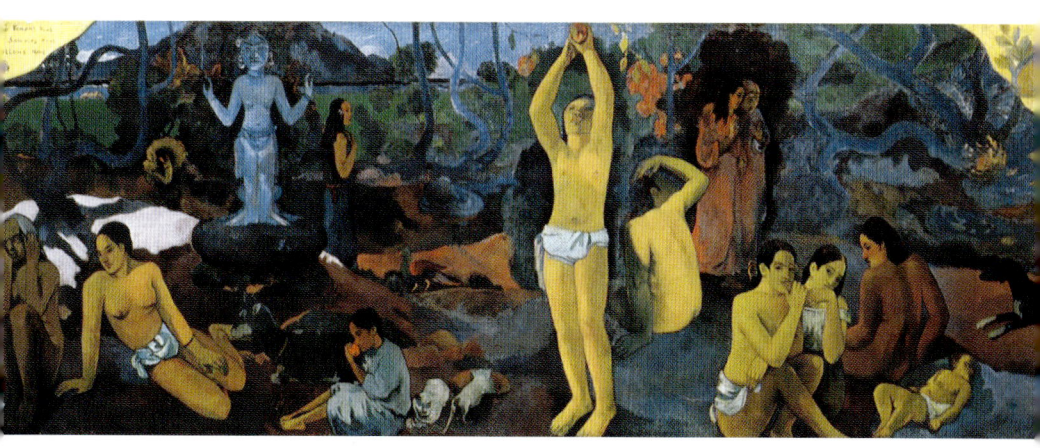

Eugène Henri Paul Gauguin, *D'où venons-nous? Que sommes-nous? Où allons-nous?*, 1897, Museum of Fine Arts, Boston.

Paul Klee, *Angelus Novus*, 1920, The Israel Museum.

栗原 彬 編

人間学

世織書房

はじめに

「私たちはどこから来たのか？　私たちは何者であるのか？　私たちはどこへ行くのか？」
　西欧文明を否定してタヒチに住んだフランスの画家ポール・ゴーギャンの問いは、世界の大転換に遭遇している私たちこそがもつべき問いではないでしょうか。
　いま、世界を席巻しているグローバリゼーション（地球化）と情報技術の発達は、一方では、情報のネットワークによって世界を結びつけ、文明を均質化し、環境問題を地球化して地球市民を生み出しました。しかし、他方では、それは国家間を分断したばかりか、社会的格差の拡大による上・下流階級の二極化とスラム化を引き起こし、生活の形態と文化を分断して、総じて協同性と社会の解体を加速してきたといえます。
　多くの人が、未来の展望もなく、自分の根が浮いて、不安の海にあてどもなく漂い出したことを感じています。初めも終りもなく、刹那的な刺激をまき散らしながらあわただしく変わり続けるテレビの画面のように、生きていることの手応えもなく、また自分がこの世に存在することの意味を確かめようもなく、我も人も、日々を一生忙しく走り続けるイメージが脳裏をかすめます。身辺から遠い地まで、起こる悪と悲惨に心痛めながら、一方ではメディアに煽られて、不安の苗床に発する、攻撃性と暴力性をはらむナショナリズムの奔流に、我知らず呑み込まれていくのです。しかし同時に、社会の様々な場所で、見失われた「私」を探し求め、「人間」を立て替え立て直そうとするひそやかな動きも始まっています。ボランティア、市民ネットワーク、NPO、NGO、アソシエーション、ケアとアシストへの関心、当事者主体性への関心などは、流れのなかで立ちどまろうとする人々の、「人間」回復への潜在的な願望の大きさを映し出しているのではないでしょうか。

「人間学」の呼びかけに目をとめたあなたのなかにも、人間について問わざるを得ない切実な要求が動き出していることを感じます。

　私たちは、正面から人間を問いたいと考えます。とはいっても、人間の普遍的な本性は何か、といった問いの立て方をしたくありません。私たちは、血の通った生きている人間を考察の射程に入れたいのです。そのために、私たちは、真空のなかで「人間とは何か」と問う代わりに、時代と社会のなかで、日々の生活のなかで「人間はどう生きるか」を問います。日々の諸活動を通して人間がまさに人間として立ち現れてくる瞬間を捉えることが、私たちの「人間学」の目標です。

　私たちは「人間」探究の旅を、身近なことから出発して、制度や社会的なものに至り、また日々の生活に帰ってくることができるように設定しました。そのために諸活動を動詞で表現しています。この旅への参加者が、社会によってつくられるものとしてばかりでなく、社会をつくるものとして人間を考えたいという気持を抱いて、それぞれの生活の現場に戻られることを願っています。

　かつてあった哲学的人間学は、あらかた古びてしまいました。そして、いまだ新しい人間学は現れていません。私たちの「人間学」は、未来の人間学へのプロレゴメナ（序説）です。私たちの「人間学」は、社会学に多く支えられながら、精神分析学、臨床心理学、社会史、人類学、政治学、哲学、カルチュラル・スタディーズなどの諸学を援用しています。しかし、執筆者たちは、「人間学」を学際研究とは考えていません。私たちは、諸学を交差させるばかりでなく、枠組みを外して「人間学」に統合すべきものと考えています。

　執筆者たちは、このテキストを、一人ひとりの「私探し／私離れ」そして「人間」探究の旅に、チャート（海図）として利用して頂きたいと願っています。このテキストを手がかりに、市民一人ひとりが、生きる手法としての「人間学」を編み上げられることを、切に望むものです。

2005年11月

栗原　彬

もう一つのはじめに

　『人間学』のテキストを編むとき、最初の「はじめに」で触れたゴーギャンの絵のほかに、闇夜の道を照らすもう一枚の絵がありました。クレーの「新しい天使」と題された絵です。より正確には、ベンヤミンが「新しい天使」に読み込んだ「歴史の天使」の像です。
　「新しい天使」の眼は大きく見ひらかれて、口はひらき、両の翼は拡げられています。彼は顔を過去に向けて、カタストローフ（破局）を見つめています。そのカタストローフは、廃墟の上に廃墟を積み重ねて、彼の鼻先につきつけてきます。彼はできることならそこにとどまって、死者たちを目覚めさせ、破壊されたものを寄せ集めて組み立てたい。しかし、楽園から吹いてくる風はあまりに強く、彼はもう翼を閉じることができないのです。強風は天使を彼が背中を向けている未来の方へ不可抗的に運んでゆきます。一方、彼の眼前の廃墟の山は天にも届くばかり。ベンヤミンは「ぼくらが進歩と呼ぶものは、〈この〉強風なのだ」と書きつけます（ヴァルター・ベンヤミン「歴史の概念についてⅨ」『ベンヤミンの仕事２　ボードレール他５篇』野村修編訳、岩波文庫、1994年）。
　「新しい天使」とは誰のことか？　「楽園から吹いてくる強風」とは何か？　そして天使の眼前に次々と積まれた「廃墟の山」とは何か？　この絵がはらむ「問い」が私たちをひきつけます。「歴史の概念について」の前後の文脈から、「新しい天使」が被抑圧者を指すこと、そして「強風」が「進歩」に関連するすべてを意味することは明らかです。「新しい天使」とは、受難の底で人間を奪われて、生きづらさの極を生きる者のこと。しかもなお、廃墟の山から新しい人間と世界を組み立てたいと思っている、牙をむいた「新しい天使」として現前するしかない者のことです。私たちは、読者が「新しい天使」と出会う旅に出かける緒を見つけることができるように、知の交差路

が開かれることを願って『人間学』を編み上げました。

　沖縄のライターの知念ウシさんが、奈良県の山添村立山添中学校に呼ばれて、3年生の生徒たちと語り合いました。知念さんが語ったこと。

> 私はあの山を見て、（沖縄県北部にある）キャンプ・ハンセンなどの実弾射撃場を持って来られると思いました。どうなるかというと、ダダダダダダって、山に向かって撃つわけ。朝も9時ごろから始まるんです。
> 　私はここにいても空を見て、いつのまにかオスプレイを探している。私が住んでいるところではいつも軍用機が飛んでいるから。でもここにはない。基地のフェンスもない。ここは日本なんでしょう？　それなのになぜ在日米軍基地がないんだろう。異常だと思ってしまう。
> 　　（知念ウシ・高橋哲哉・奈良山添中の生徒たち〔座談会〕「15歳と語る沖縄」『朝日新聞』2013年4月19日）

　基地がないことが異常だと言われて、山添中の生徒と同じく、私はショックを受けました。ショックは二重であって、「本土の僕は、基地問題を自分の問題として考えていない」ことにもショックを受けたのです。沖縄に身を置くことを妨げているものは何でしょうか。それは、支配と統治の政治システムによって、私たちに日常的に刷り込まれている、上から目線の遠近法的なまなざしではないでしょうか。遠近法とは、本土、中央、つまり権力の座から、支配と統治の枠組みで、遠い場所に小さい者として他者を捉えて、その他者を対象化し、標準化し、単一化し、操作可能化して見るものの見方のことです。このものの見方自体が、抑圧と被抑圧の傾斜的な関係を生むシステムの政治の一環と言えます。

　逆に、他者が受難の当事者の場所を起点に、他者自身と世界とを、主体化し、個別化し、具体化し、多層化し、操作不可能化して捉えるものの見方を、逆遠近法と呼ぶことができます。知念さんは、先の座談会で「私が目指しているのは、安全に暮らせて、こんな世の中を作りたいと思ったら沖縄のみんなで議論して決めて実現できる、誰も抑圧しない、されない社会です」（同前『朝日新聞』）と言っています。逆遠近法のまなざしが拓く、新しい世界で

す。

　本土からの遠近法のまなざしによれば、沖縄の米軍基地は本土の安全と平和のために欠かせない「抑止力」でしょう。しかし、沖縄起点のまなざしは、同じ米軍基地が、暴力の源泉でしかないことを映し出します。それどころか、沖縄起点の逆遠近法は、本土発の民主主義と平和主義自体が沖縄にとって暴力であることを照らし出します。平和主義と日米安保体制とが矛盾に充ちた切り離せないワンセットである限り、憲法第9条の擁護だけを唱道する平和運動も、沖縄にとっては暴力にほかならないことになります。沖縄の人々の生きにくさが、本土の私たちの生きやすさとつながっています。

　沖縄の「新しい天使」に吹き寄せる「強風」とは、アメリカの世界支配とそれに従属する本土の植民地政策であり、沖縄に積み上げられた廃墟とは、潜在力を失った民主主義と平和主義の瓦礫の山です。それでも沖縄の「新しい天使」は、支配と統治の政治を反転させて瓦礫の山から誰も抑圧しない、されない、自律と共生の政治を紡ぎ出そうとしています。

　沖縄ばかりではありません。中央からの遠近法で東日本大震災からの「復興」を見れば、「復興」とは、中央と行政主導による道路や防潮堤などの巨大な公共インフラの整備・建設であって、現に復興予算26兆円の90％以上がそこに投じられています。しかし、被災当事者起点で見れば、巨大インフラの整備・建設は、人口と共同体と産業基盤の縮減をむしろ促進して、人々の暮らしの復興を遠ざけています。

　福島原発災害の場合も、中央からの遠近法では、「復興」とは、ひたすら帰還の条件を整えるための除染や公共インフラ整備などの「復興事業」の完了を意味します。しかし、12万人から30万人とも言われる原発避難者の暮らしを起点にすれば、「復興事業」なるものがかえって暮らしを破壊するものであって、人口減少社会のなかでの持続的な暮らしのあり方を疎外するものであることが明らかです。

　沖縄、広島、長崎、水俣、三池、東北、福島……。どの地域でも生きづらさの極を生きる激越な「新しい天使」のほとりに立つことによって見えてくる逆遠近法の教えがあります。『人間学』の交差路であなたが「新しい天使」と行き会うきっかけを得て、「政治」という身振りそのものを組み替え、来

るべき社会の像を反転させる日の来ることを待ち望みます。

2015年3月

栗原　彬

人　間　学

❖

目　次

はじめに　i

もう一つのはじめに　iii

第Ⅰ章　生きる

1　人間はどう生きるか ……………………………… 005
　　1　人間への問い　5
　　2　人間の発見　7
　　3　人間の基礎条件　9

2　人間が知るということ …………………………… 010
　　1　ダニが世界を知るとき　10
　　2　共振する五感で知る　11
　　3　学ぶということ　13

3　人間学の海図(チャート) …………………………… 015
　　1　「人間」の意味構造　15
　　2　人間の活動　16
　　3　人間活動の多重的な繰り込み構造　18

4　生きることと死ぬこと …………………………… 020
　　1　生命系としての人間　20
　　2　生きることと価値　22
　　3　現代における生と死　24

5　生きることの暴力 ………………………………… 025
　　1　生のなかの暴力　25
　　2　戦争という暴力　28
　　3　非暴力という生き方　32

6　人間を引っくり返す ……………………………… 034
　　1　自民族中心主義を問い直す　34
　　2　男性中心主義を問い直す　35
　　3　人間中心主義を問い直す　36

第Ⅱ章　私を探す／私から自由になる

1　他者と出会う旅 ……………………………… 041
　　1　からだを感じることから　41
　　2　再生のドラマ　43
　　3　私を探す旅／私から自由になる旅　45
　　4　個体性と共同性をめぐる旅　47
　　5　私が生まれる――社会における再生　49
　　6　私からの再生　55
　　7　私を超え、私に還る　57

2　アイデンティティとライフサイクル ………… 061
　　1　アイデンティティとは何か　61
　　2　ライフサイクル　64

3　社会的アイデンティティ …………………… 071
　　1　ジェンダー・アイデンティティ　71
　　2　エスニック・アイデンティティ　72

4　アイデンティティ・ゲーム ………………… 076
　　1　アイデンティティの政治　76
　　2　私が私であること／私から自由になること　80

第Ⅲ章　働く

1　働くことのイメージ ………………………… 087
　　1　労働観はいつでも同じか？　87
　　2　労働観の変化　88

2　歴史のなかの労働〈古代社会〉…………… 092
　　1　労働よりも行為――古代ギリシア人の場合　92
　　2　働くことと自然との関わり　95

3　歴史のなかの労働〈近代〉………………… 097
　　1　富と価値をつくりだすもの　97

　　　　2　マルクスの説明　97
　　　　3　自由であることの問題　99
　　4　「実行」から分離される「構想」……………… 101
　　　　1　大工場のベルトコンベア労働　101
　　　　2　労働のなかでの人間の再発見　104
　　5　シャドウ・ワークの拡大 ………………………… 106
　　　　1　価値を生まない労働？　106
　　　　2　シャドウ・ワークの背景　107
　　　　3　シャドウ・ワークの広がり　108
　　6　働く喜びはどこに？ ……………………………… 111
　　　　1　フーリエの労働観　111
　　　　2　労働の喜び　113

第Ⅳ章　遊ぶ

　　1　人間とは遊ぶ存在 ………………………………… 119
　　　　1　遊びとは何か　119
　　　　2　遊ぶ人間　120
　　2　関係としての遊び ………………………………… 123
　　　　1　遊びの類型　123
　　　　2　遊ぶと共同性　125
　　3　遊びの基層と変容 ………………………………… 128
　　　　1　子どもたちの遊び　128
　　　　2　旅〜聖なるものとの交流　130
　　　　3　現代社会のなかの遊び　133
　　4　遊びとスペクタクル ……………………………… 138

第Ⅴ章　やりとりする／ケアする

1. 私のなかの他者と出会う ………………………… 145
   1. やりとりする　145
   2. 身体制御／相互依存を通じた承認の形式　146

2. ケアすること ……………………………………… 154
   1. ケアをめぐる問い　154
   2. 生とケアにおける根源的暴力性　158
   3. 出会いを困難にさせているもの　162

3. ケアする社会 ……………………………………… 168
   1. 〈他者性〉によるケアの肯定　168
   2. 「分配」と「分配されえないもの」の順接　170

第Ⅵ章　棲む

1. 棲むということ …………………………………… 175
   1. 社会という家に棲む　175
   2. 市民社会という家を構想しよう　177

2. 家族という棲み方 ………………………………… 181
   1. 家族は自然か、文化か？　181
   2. 核家族と現代社会　185

3. 地域に棲む ………………………………………… 188
   1. コミュニティをつくる　188
   2. 地方自治を求めて　191

4. 人間は組織の歯車か ……………………………… 194
   1. 共同体と組織　194
   2. 組織と人間　196

5. 誰が棲み方を決めるか …………………………… 199
   1. 誰が棲み方を決めるか──政治と人間　199

2　市民運動・住民運動で棲み方を変える　200
　　　　3　棲み方としてのネットワーキング　201

　6　地球という星に棲み直す …………………… 205
　　　　1　国家は棲み家か　205
　　　　2　地域にともに棲む・地球とともに棲む　209

第Ⅶ章　共に生きる

　3.11後の生き方を考える
　　　────共生への身振り …………………… 217

　　　　1　「つながりの貧困」を超えて　217
　　　　2　地域のなかに共生という身振りを増幅する　220
　　　　3　小さな公共性を重ねる　222
　　　　4　アートでつなぐ　225
　　　　5　自発的服従のハビトゥスを組み替える　229
　　　　6　「隙間にねじ込み、ぐわっと開く」　231

　おわりに　235

　執筆者紹介　237

人　間　学

I

生きる

I

1
人間はどう生きるか

1　人間への問い

はじめの問い

　さあ、人間学の旅に出発しましょう。旅に出かけるにあたって、問いをはっきりさせておく必要があります。すべての旅が私の立つ位置の移動を伴い、したがって私の生のことに還流してくる限り、それは「私探し」の旅といえます。「私探し」につながる問いといえば、「私とは何者か」という問いが思い浮びますが、さて、この問いに答えてみてください。こんな問いをつきつけられれば、誰だって口ごもってしまいますね。ともかく、いろいろな答えが返ってくるでしょう。「私」は女、男、主婦、会社員、怠け者、市民、日本人、「何者でもない」などと。しかし、どう答えてみても、取りこぼしがある、私という存在の全体に届いていない、という感じが残ります。

　こうした性、家族、役柄、職業、地位、人柄、国籍といった私の部分を透かして、それらを浮かべる貯水池としての「人間」としかいいようのないものが浮かび上がってきます。

　では、「私探し」のための問いは、「人間とは何か」ということになるのでしょうか。しかし、この問いは解答不可能な問いに思えます。実際、昔から何人もの哲学者が、この問いに挑戦しては失敗してきました。たいていの哲学者が、人間の本性に定義を与えようとすると、決まって人間を超えて人間を根拠づける存在、その存在も非在も証明することのできない「神の創造」にいきつくのです。ということは、人間の本性などというものが、そもそもありえないのではないか、と考えられます。

私たちの問いは、もっと慎ましいものです。よりよく生きるために「人間はどう生きるか」。私たちが日々行なっていることを考えることが「私探し」の旅に出る私たちの最初の問いです。

「人間」が問われるとき

　古来、様々な種族が、自らを「人間」とよんできました。南米大陸の南の果て、氷河に閉ざされた荒れ狂うパタゴニアの海にカヌーを浮かべて、狩りや漁に生き、民族も国家も知らず、やがて西欧文明に滅亡させられた、西欧人によって「アラカルフ」と命名された人々は、自らを「カウェスカル」（人間）とよんできました。また、「アイヌ」が「人間」を意味することはよく知られています。アラカルフやアイヌの「人間」に、私たちは二通りの「人間」を読み取ることができるのではないでしょうか。人々が暮らす環境のなかで自らを見分け、命名する「人間」と、その人々が抑圧者や虐殺者の前で、いわば非人間的な所業の前で輝き出す「人間」とをです。

　詩人の石原吉郎は、第二次世界大戦の敗戦後、シベリアの強制収容所にともにつながれた友人、鹿野武一の言葉を自著への「もうひとつのあとがき」のなかに書き記しています。それは、飢えきった囚人の前でゆっくり食事しながら訊問をするような、囚人を人間と思わぬ取り調べ官に投げかけた「もしあなたが人間であるなら、私は人間ではない。もし私が人間であるなら、あなたは人間ではない」という、鹿野武一の最後の言葉です。石原吉郎は、この言葉が抗議などではなく、ありのままの事実を語っているといいます。ここでの「人間」は、いうまでもなく、第二の意味の「人間」です。しかし、この取り調べ官もまた、別の意味で人間なのです。彼も第一の意味の「人間」の振り幅のなかを生きる人間です。私たちは日々の暮らしのなかで、二通りの「人間」の間を行ったり来たりしているのではないでしょうか。そうすると、「人間はどう生きるか」という問いは、この二通りの「人間」の間の関係を見出すことだ、といい換えることができます。

2　人間の発見

様々な人間の見方

　人類の歴史をひもとけば、人々が繰り返し人間を発見し、また再発見していることがわかります。「ホモ・ミトス」(homo mythos, 神話的人間) は古代の神話に見出され、今日まで生きのびている初発の人間像です。たとえば、最古のギリシア神話は、女神アテナの命令でカドモスが大蛇の歯を地にまいたところ、武具をつけた人間が生えてきた話をおさめています。また、『旧約聖書』の「創世記」では、神が自らをかたどった土の塵から、最初の人間（アダム）をつくったと述べています。

　「ホモ・サピエンス」(homo sapiens, 知恵の人) は、最も広く普及した人間像でしょう。中世スコラ神学の大成者であるトマス・アキナス（1225〜1274年）は、人間を感覚的欲求をもつと同時に、神によって生まれながらにして理性を与えられている存在としてとらえ、人間を天使のすぐ下に位置づけました。人間に理性が与えられる前提には、人間が動物のもつ十全の本能を欠く、「ホモ・ラックス」(homo lacks, 欠如の人) として生まれてくるという考え方があります。中世の教父であり神学者であるアウグスティヌス（354〜430年）は、人間を、欠如があるゆえにそれを満たそうとする欲求をもつものとして思い描き、神のみがその欲求を受けとめて、真に欠如を満たすと考えました。本能をもつ存在から理性のほうへ超え出ていくホモ・サピエンスは、同時に、錯乱と狂気のほうへ超えていく「ホモ・デメンス」(homo demens, 錯乱の人) の側面をももっています。

　人間を社会的存在としてとらえた、アリストテレス（紀元前384〜322年）に見るような「ホモ・ソキエタス」(homo societus, 社会的人間)。自己の利益と権力を追求する、個人としての人間を見出した、マキャヴェリ（1469〜1527年）の描いた「ホモ・ポリティコス」(homo politicos, 政治的人間)。アダム・スミス（1723〜1790年）が指摘した、利己心に導かれて動く、生理的欲求と経済合理的判断力を併せもつ「ホモ・エコノミクス」(homo economicus, 経済人)。近代の機械論的宇宙観が生み出した、道具をもって自然を対象化し、生産活動を行なう人間としての「ホモ・ファーベル」(homo faber, 工作

人間)。ヨハン・ホイジンガ（1872〜1945年）の見出した「ホモ・ルーデンス」(homo ludens, 遊ぶ人間)、そして、人間を自然から文化のほうへ歩み出させたものとして、言語を重視するクロード・レヴィ＝ストロース（1908〜2009年）らの「ホモ・ロクエンス」(homo loquens, 話す人)。

　これらは人間の本性や真理でなく、人間の見方です。私たちは、時代のなかで、これらの見方がもつ意味をはっきりさせつつ、私たち自身の人間の見方を見定めていく必要があります。

異人・対蹠人（たいせき）・野性人・無人

　私たちは、私たちと異なるもの、何らかの「他者」に照らして、自分たちを人間として発見したり、再確認します。「他者」に人間の基盤を揺るがされたりもします。そのような「他者」の典型は、神と動物ですが、人間と異なる世界である異界からやってくる異人もまた、「われわれ人間」を照らし出します。

　5世紀に、ローマ帝国が異邦人・異教徒に征服されると、あるキリスト教徒たちは、人間は四海同胞、同じアダムの子孫だというキリスト教の人間観を退けて、異邦人は地球の裏側に住む、自分たちと対蹠的な「アンティボディーズ」（対蹠人）の子孫に違いないと考え、アンティボディーズとの対比において、アダムの子孫としての自分たち人間が再確認されたわけです。

　新大陸に赴いた白人たちは、そこに「高貴な野性人」「野蛮な未開人」を見出したにせよ、インディアンという他者に照らして、自らが文明人であることを再確証しました。黒人奴隷という他者に対して、白人が主人としての人間像を膨らませたことは、いうまでもありません。また、ホメーロスの『オデュッセイア』から、ミヒャエル・エンデ（1929〜1995年）の『はてしない物語』に至るまで、「お前は誰だ？」という問いに対して、「私は誰でもない」「私はノーボディだ」と答える「ウーティス」(Utis, 誰でもない者、無人)が、人間のアイデンティティ（同一性、正体）をときに揺さぶり、ときにくっきり浮かび上らせてきました。

3　人間の基礎条件

■ 身体

　人間の日々の生き方を基本的に規定しているものは、身体と他者と言葉です。私たちが山を歩きながら花を見、萌える草のにおいをかぎ、あるいは仕事をし、人と語り、人を愛するとき、その働きは身体が潜めている力とその限界に基礎づけられています。つまり第一に、人間は身体の基礎の上に生活を展開する行動と経験システムだ、といえます。

■ 他者

　しかし、人間の身体がもつ潜在的な力は、まったくの孤立のなかでは開花することがありません。そのことは、狼少年・狼少女や野性児の研究が示す通りです。他の人間に育てられなければ人間は人間にならないのです。花のにおいをかぐ、といった感性の働き一つを取っても、他者の存在が欠かせません。ですから、第二に、人間は他者との関係のなかに生きる行動と経験のシステムだ、といえるでしょう。

■ 言葉

　人間はまずもって、身体と他者によって外界を生(なま)のままとらえます。それは本能の働きです。ただし人間は、動物と比べて著しく少ない本能をもってこの世に生まれてきます。人間は、この本能の過少を代補(だいほ)するかのように、生物体をはみ出た過剰物を抱えています。それは言葉です。人間は、身体によってこの世界を分節するばかりでなく、言葉によって第二次的に世界を分節するのです。他者との間に交わされる言葉によって、生活している世界の細部が名づけられ、意味を帯び始めると、人間はもう言葉なしには日々を生きることができなくなります。したがって第三に、人間は、言葉によって世界を分節する行動と経験のシステムといえます。

2
人間が知るということ

1　ダニが世界を知るとき

環境世界

　ヤーコブ・ユクスキュル（1864～1944年）は『生物から見た世界』のなかで、生物が固有の感覚をもって行動することを通して、その生物に固有の環境世界をつくり、それと生物の内的世界との間に円環的な連合関係を保つことにより、生物体を維持していくことを指摘しました。それが生物の世界の見方、知り方でもあります。たとえば、ダニは、明度覚、嗅覚、温度覚という三つの感覚によって、世界をなぞるようにして知ります。皮膚の明度覚によって木の枝に登り、哺乳類が枝の下を通り過ぎるとき、酪酸（らくさん）のにおいに反応してその哺乳類の上に落ち、次いで温かい皮膚に反応して針を刺して血を吸います。つまりダニは、自分を取り巻く全世界を、三つの知覚標識と三つの作用標識とからなる、乏しい世界に縮減してしまいます。乏しいといっても、これが、目も耳も味覚ももたないダニが知ることのできる世界の輪郭であり、ダニが生きていくには十分な世界なのだと、ユクスキュルは述べています。

「身分け構造」「言分け構造」と二重記述

　人間は、ダニよりももっと複雑な環境世界をもっています。それでも人間は、生物であるかぎり感覚で世界を分節し、身体で世界を知ろうとします。その点ではダニと人間は同じです。しかし、人間と他の生物や動物とは大きく異なる点があります。それは、人間が言葉によって世界を分節すること、

すなわち、言葉によって世界をシンボル化し、弁別することです。

丸山圭三郎（1933〜1993年）は『文化のフェティシズム』のなかで、心身が分化する以前の身による世界のとらえ方を「身分け構造」、言葉による世界の分節のしかたを「言分け構造」とよんでいます。人間だけが、「身分け構造」と「言分け構造」によって二重に分節された世界を生きているというのです。

ところが、人間が「言分け構造」をもつと、それはしばしば「身分け構造」に逆流していき、身体をも言葉によって分節された世界へと引きずり込みます。言葉によって世界を表わすとき、言葉で切り取られた世界は、実在の世界を離れてイメージが膨れ上がり、一人歩きを始めることがあります。

しかしながら、「身分け構造」と「言分け構造」とが力を合わせて働くとき、人間が見分ける世界は、深い奥行きをもって現れてくるでしょう。私たちは、両目で世界を見るとき、左右別々の目で見た世界をたした以上の、もう一つ次元を異にする、奥行きを増した世界を獲得します。これを『精神の生態学』で知られるグレゴリー・ベイトソン（1904〜1980年）は、左右の目の「二重記述」による「両眼視覚」とよびます。左右の目が一緒に作用して両眼視覚が生まれるように、「身分け構造」と「言分け構造」とが世界の二重記述をするとき、私たちの前に開かれてくる世界は、かなり懐の深い豊饒な世界であるはずです。

2　共振する五感で知る

ブラインド・ウォーク

ただでさえ「言分け構造」は「身分け構造」を乗っ取りがちです。言語は、その支配をくまなく行き渡らせたがるのです。世界の二重記述を成り立たせるためには、「身分け構造」にもう少しがんばってもらうしかありません。「身分け構造」を励ます一つの方法として、演劇家の竹内敏晴（1925〜2009年）が工夫した「ブラインド・ウォーク」*があります。

ブラインド・ウォークを始めると、最初は周囲の世界が怖いものと感じられるかもしれません。しかし、サポートする人とよい関係ができるにつれて、

次第に周囲の世界が親しいものになってくるでしょう。最初、木に触れてみて、木とわかるとすぐに次のものへと移っていった人が、やがて頭でわかろうとすることをやめて、木や花と無心に遊び始めます。目と口を閉ざすことで、触覚と嗅覚が鋭敏に働き出し、風や陽や土を感じ、目が開いていれば聞き過ごすと思われる様々な音が、耳にあふれます。この経験は、ふだん忘れている感覚による世界の「身分け」を身体に思い出させ、同時に私たちがいかに、日々圧倒的に言葉と「言分け」された視覚に頼って世界とやりとりしているかをも教えてくれます。さらにブラインド・ウォークは、それ以上のことを物語っているようです。すなわち五感が共振するとき、それは単純な総和以上の、第六感としかいいようのない新しい感覚の振り幅をもつくり出す、ということです。

苦しむ者への感性

ジャン＝ジャック・ルソー（1712〜1778年）は、『人間不平等起原論』において、現実の人間の状態を考え抜くための方法として、自然状態を生きる人間を仮構として造型したときに、この本源的な人間に、理性に先立つ二つの感性の働きを認めました。一つは自己保存に向かう自己愛であり、もう一つは「苦しむ者の身になってみる感情」「苦しむものへの憐みの情」です。この憐みの情は、「身分け構造」に根ざして苦しむ他者を分節しますから、反省に先立つものであり、ましてや道徳などとは無縁です。苦しむ人をみると、おのずと身体がその人を救うほうへ動いてしまうのです。

エマニュエル・レヴィナス（1906〜1995年）も、生身の人間が、自らの生の自由を味わう「生の享受」と、他者が傷つき苦しむことに自らも苦しむ「ヴァルネラヴィリティ」（傷つきやすさ）という、二つの感性をもっていることを指摘しています。目に見える苦しみだけではありません。強者であっても、その素顔は死の苦しみの底から「殺さないでくれ」とよびかけています。道徳とは何の関係もなく、苦しむ他者の素顔のよびかけに応答しないではいられない感性、それがヴァルネラヴィリティです。

人間は、「言分け構造」だけでなく、「身分け構造」によっても世界を分節します。そのことによって、世界がどれだけ味わい深いものになったことで

しょう。共振する五感は、一方で自己愛や生の享受、他方で他者の苦しみへの感性やヴァルネラヴィリティを生み出します。苦しむ他者への身体の共振、共苦ということは、人間が世界と人とを「知る」究極のあり方をさし示しているのではないでしょうか。

図1　ルソー『人間不平等起源論』初版（1755年刊）の扉

3　学ぶということ

学びと教育との区別

　私たちは私たちの日々行なっていることを知ることを通して、「人間はどう生きるか」を手探りしようとしています。しかし、やみくもに情報をかき集めても、「人間はどう生きるか」の答えが、降ってわいてくるわけではありません。私たちは人間の生き方や世界のあり方を知るしかたを、自分なりに開発する必要があります。人間や世界を知るしかたを、私たちは自ら「学ぶ」行為によって身につけるのです。ここで私たちは、「学ぶこと」と「教育」とをはっきり区別する必要があります。

　狼少年・狼少女や野性児の存在は、私たちに、人間は、人間という他者とのやりとりや育て合いを通して初めて人間になるという、平明な事実を教えてくれます。そしてこの事実のなかに、根元的な意味の「学び」が含まれていることに気がつきます。つまり学びとは、人間が他の人間との相互関係を通して身につけていく、自律的な行為です。この学びの定義に照らせば、知識を与え、個人の能力と人格を伸ばすために、教え育てる営みとしてとらえ

＊　ブラインドウォークをする場所は、できれば戸外で、緑や土のあるところがよいでしょう。まずペアをつくります。これも、できたら男と女の組み合わせのほうが楽しいでしょう。ペアの一方が目を閉じ、そのままでいろいろなものに触れながら散歩します。目を開けているほうの人は散歩を助けつつ、そっと腕を取ってあげたりして、非言語的コミュニケーションをしていきます。この間、二人はいっさい口をきかない約束です。30分たったら交替します。

られる近代教育が、人類史の上ではごくかぎられた営みであることがわかります。

実際、西欧で教育（education）という言葉が現れたのは16世紀、この観念が普及するのは18世紀後半からです。

現代の教育の特徴

現代の教育の特徴として、次の5点が指摘できます。
❶ 学校教育の肥大化と教育の細分化。
❷ 能力主義と社会的役割の選別機能の高進。
❸ 達成価値と生産的人間の再生産。
❹ 教育工学の発達。
❺ 発達診断、教育評価テスト、内申書制度、カリキュラムの規格化と画一化などを含む、管理教育の普及。

こうした特徴をもつ教育が、自律的な学びを支えるどころか、逆に学びを妨げるように働くのは、自明のことといえます。

自律的な学びのほうへ

自律的な「学び方」を身につけるためには、教育知の幻想へのとらわれから身を引きはがして、「身分け構造」と「言分け構造」、つまりヴァルネラヴルな感受性・応答性と論理的な思考とがしなやかに共振できる状態をつくり出すことが必要です。学校現場と社会の現場を問わず、他律的に教えられることからでなく、人と人とが相互的にやりとりし、学び合う身体の姿勢からしか、自律的な学びは生まれてきません。その意味で、自律的な学びは、共振の知をパートナーにしています。学びの場は日常生活そのものです。日常生活のなかに自律的な学びが動き出すとき、私たちは生き方を変え、世界を変えるほうへ働きかける臨床の知が、いつの間にか並走を始めていることに気がつくはずです。

3
人間学の海図(チャート)

1 「人間」の意味構造

人間(じんかん)・ヒト・人間(にんげん)

　人間学の船旅は、日本語の「人間」の意味を吟味することから始まります。永年用いられてきた「人間」という言葉に、無意識のうちに沈澱してきた意味構造を取り出すことによって、私たちは人間学の進路をさし示す羅針盤を手に入れましょう。

　「人間」という漢字は、中国語で文字通り「人の間」、「世の中」「人の棲(す)む世界」をさしました。日本にも仏教経典を通して、世のなかの意味の「人間(じんかん)」が入りました。11世紀の歴史物語『大鏡』には、「人間の人」という用例があります。「世のなかの人」という意味になります。ところが室町期には「人間」が、人一般をさすようになります。その際、世のなかという集合的なものが人に個別化された面と、人のなかに集合的なものが封じ込められた面とがあったのでしょう。こうして、人の意味の「人間」は、世のなかの残像を引きずっているのです。

　一方、人間(にんげん)にあたる大和言葉はヒトです。ヒトは「霊(ヒ)の止(ト)まるところ」から出たという説がありますが定かではありません。ヒトは人一般をさすと同時に、世間や世のなかをもさします*。

　こうした個体と世間、自と他を含むヒトですので、中国語の「人間(レンジェン)＝世の

＊　たとえば、「人聞きが悪い」というときの「人」は、世間という意味です。またヒトは、自分を意味すると同時に他人をも意味します。「人のいうことを聞け」という場合には自分、「人妻」の場合には他人です。

なか」が入ってくるとヒトに吸収されて、「人間＝人＋世のなか」という移動が生じたのでしょう。

　他方、ギリシア語の「人」にあたる言葉は、アントローポス（anthrōpos）です。英語で人間学・人類学を表わす単語のアンソロポロジー（anthropology）は、このギリシア語に由来しています。アントローポスという言葉の意味構造については、プラトン（紀元前427〜347年）の『クラチュロス』のなかで、ソクラテス（紀元前469〜399年）がおもしろい解説を施しています。「人間は、見たもの（ハ・オポーペ）を吟味・考究（アナトローン）する」、つまり「アナトローン・ハ・オポーペ」が「アントローポス」に収縮されたというのです。ここには、西欧文明の出発点に立った、ギリシアの人間観がよく現れています。人間とは、言葉によって世界を分節するもの、理性で吟味・考究するものであって、世のなかという意味はないのです。

間柄としての人間

　アントローポスとの対比において、日本語の人間の意味構造がはっきり浮かび上がってきます。アントローポスは、指示対象が一貫しており、分節的で、断絶的で、個的です。それに対し「人間＝ヒト」は、人と世のなかの間に互換性があり、総体的で、連続的で、間柄的です＊。私たちは、日本語の「人間」がさし示す「間柄」を人間学的考察の出発点におくことができます。

2　人間の活動

間柄の楕円構造

　私たちは「間柄」としての人間から、人間学的な探究に出発します。私たちと同じく間柄としての人間から、人間と風土を考察した哲学者に和辻哲郎（1889〜1960年）がいます。和辻は、『風土——人間学的考察』で、「人間の第一の規定は個人にして社会であること、すなわち「間柄」における人であることである。従ってその特殊な存在の仕方はまずこの間柄、従って共同体の作り方に現われてくる」といっています。みごとな定式化です。しかし和辻は最も手近な間である「男女の間」から出発して、夫婦、親子、家、国家へ

と議論を進め、家と国家の一致、忠孝一致を肯定しました。ここから「大東亜共栄圏」へは、あと一息です。

　なぜこんな錯誤が生じたのでしょうか。それは和辻がせっかく「間柄」から出発し、男女の間から出発しながら、なんと男女を一点の中心に置き、国家へ至る同心円を描いてしまったからです。間柄から出発して間柄性を保ち続けるならば、同心円は描けるはずがなく、比喩的にいえば、焦点が二つある楕円が、一部重なり合いながらずれていく構図になります。楕円はやりとりや相互性を含む、つまり間柄の象徴的な形なのです。

図2　間柄の構造

人柄
身柄
役柄
話柄　　　作柄
間——柄
家柄
権柄
国柄

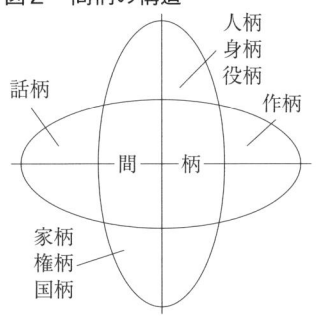

図3　人間の活動領域

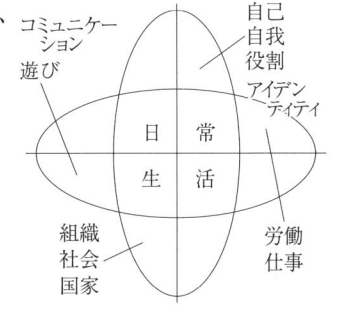

自己
自我
役割
コミュニケーション
遊び
アイデンティティ
日　常
生　活
組織
社会
国家
労働
仕事

間柄の活動態

　「間柄」の「柄」は、取っ手や柄、つまり何らかの取っかかりを表わし、眼にとまる模様や図の型を意味します。「柄」のつく言葉を整理してみると、一つの軸（たて軸）の上では、原点としての間柄をはさんで上下に、一方には人柄・身柄・役柄などが広がり、他方には家柄・国柄、そして権柄（権力のこと）もあります。それと交差するもう一つの軸（よこ軸）には、間柄をはさんで左右に作柄と話柄が対立するでしょう。間柄は、交接する二つの軸の上に、間柄の活動している姿＝活動態を、緩やかな二つの楕円の焦点として析出しているのです。図2のとおり、間柄を中心として、たて軸は間柄としての人間の存立（あり方）の形式を示しており、よこ軸は人間の活動内容を表わしています。これに、日柄、時節柄など、つまり時間の軸を交差させれば、三次元の立体的な間柄の活動態の構造が描けます。

＊　「人」という漢字は「ノ＋乀」、つまり二人の人に分解できて、支え合うという意味でも対立するという意味でも、人と人とのやりとりや相互性や間を表わしています。

人間の活動領域

間柄の活動態を人間学の用語に置き換えてみましょう。間柄は、日常生活、そして人間の社会関係に置き換えることができます。

❶ 人柄、役柄は、個体、自己、自我、役割、アイデンティティなどに、国柄、権柄は、権力体、組織、社会、国家などに置き換えられます。

❷ 話柄は、コミュニケーション、相互性などに、作柄は、労働、仕事などに翻訳できます。

個体と社会、労働と相互性は、それぞれ二つに分かれているのでなく、本来はそれこそ間柄的に重なり合っているのです＊。

3　人間活動の多重的な繰り込み構造

人間と社会の繰り込み構造

間柄はどのように、❶人間と社会、❷労働と相互性、を生み出すのでしょうか。まず、人間と社会のほうから考えてみましょう。人間は社会の産物である、といわれます。しかし、社会もまた、まぎれもなく人間の産物です。では、人間と社会のつくりつくられる過程は、どうなっているのでしょうか。

人間と社会の相互形成の過程は、人間個体が、身体と他者と言葉を元手に、世界に働きかけていく際に生じる「外在化」と「客体化」と「内面化」という三つの働きからなる螺旋運動をなしていると考えられます。

第一に、人間は個体のもつ固有の力を外にあふれ出させて、それに形を与えていく、つまり「外在化」させていきます。ここで社会は人間の産物として現れかけています。第二に、外在化の活動が繰り返し行なわれて、個体と他の個体との間に、この経験の基本的な構造が共有されるようになると、その構造は「客体化」された事物として浮上してきます。つまり、客体化の働きは社会を結晶化し、制度化して、社会を独自の姿で存立させるのです。第三に、客体化されて現れた社会は、再び人間個体の主観的意識のなかに「内面化」されて、いわば個体の日常の経験のうちに血肉化されます。内面化の働きによって、人間は社会の産物として現れます。

このワン・サイクルの展開が完了すると、また初めに戻って次のサイクル

に移行するのです。こうして人間と社会は、繰り込み構造を構成しながら、互いにつくりつくられていきます。

労働・仕事・やりとり・遊び

　人間は、生きていくためには、自然と人に働きかけて、ものやことや情報をつくり出す活動を欠かすことができません。自然と人に働きかけて何かをつくることを、「労働」といいます。本源的な労働は、人間と自然のやりとり、人間と人間のやりとりの双方を分かちがたく含んでいます。人間か自然に働きかける労働であっても、それは常に他の様々な人の労働とつながり合って初めて成り立ちます。労働は常に人と人とのやりとりを含む、共同的な性格をもつといえます。人と人とのやりとりとしての労働──たとえば第三次産業やサービス産業──であっても、人と自然とのやりとりとしての労働に、どこかで結び合っています。つまり労働においては、人間と自然のやりとり、人間と人間のやりとりが幾重にも繰り込み合っているのです。

　労働はまた、何かをつくり出すことを目的としていますが、つくり出す活動それ自体を楽しむ、つくり出す過程そのものが大切である、という側面もあります。たとえば、花をつくるという労働は、きれいな花を咲かすという結果と同時に、あるいはそれ以上に、花を育てる過程そのものに喜びがあるでしょう。つまり、本来の人間の労働においては、仕事・やりとり・遊びが一体となっているのです。

　労働におけるこの一致は、労働が賃労働になるにつれて、次第に分解してきました。お金になる活動だけが労働とみなされ、それとともに、お金は二の次で、働くことそれ自体に人間の主体性が見出せる活動＝仕事や、やりとりや遊び、世話や祈りといった活動が、本来の労働の領域から次々と分離していって、お互いに別々の活動とみなされるようになるのです。

　この人間学の本書全体が、人間の間柄に発する活動領域によって構成されています。つまり、私たちが日々身体に実現する行為が、人間への切り口ということになります。

＊　要約すれば、間柄としての日常生活は、一方でその両端に個人と社会、他方で労働とやりとり・遊びという活動の形を析出するといえます。

4
生きることと死ぬこと

1　生命系としての人間

生命原理の三重の系

　人間は、生きていつかは死ぬ存在です。生きることと死ぬことを営む、生命をもつまとまりやシステムを、生命系とよびます。ミジンコのような小さな生物も、植物も動物も、地球も、生きている系つまり生命系です。人間も生命系の一員なのです。

　フランスの哲学者A・V・エスピナ（1844～1922年）は、『動物の社会』のなかで、主に動物を取り上げて、生命系がその生命原理を開花していくときに構成する三重の系（エスピナは、それを「社会」とよびました）を指摘しました。第一は、栄養中心の系、つまり新陳代謝をして個体を維持する系です。第二は生殖中心の系で、種族維持のための生殖行為が中心となる系で、雌雄の関係と親子の関係が含まれます。第三は、集生中心の系で、同じ種が集生して、集団や種族や社会をつくる系です。

　栄養中心の系では、個体は生理的な世界に埋没し、生殖中心の系では、個体は、つがいや世帯の成員としてはめ込みになっていますが、集生中心の系に至って、個体は、雌雄・親子の関係のなかにではなく、子ども同士の関係のなかに、まさに個体として同類とのつながりを見出します。いうまでもなく人間の社会は、中枢の発達、言葉による表象力、労働の営みとともに、集生中心の系の苗床から「人間の社会」へ離床していきます。

生命系の三層構造

エスピナの三重の系を緒に、私たちは生命系に、❶定常開放系、❷自己増殖系、❸共生社会系の三層構造をみてとることができます。

図4　生命系の三層構造

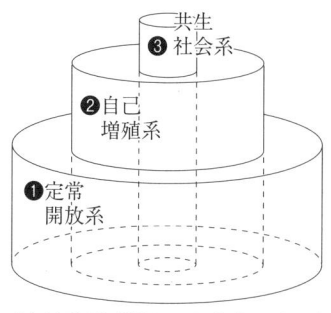

〈中村尚司「開かれた生命の世界」『豊かなアジア貧しい日本』学陽書房、1989年〉

❶ **定常開放系**──槌田敦の『資源物理学入門』によれば、生命系は物質の不均一な場で、定常的な流れの循環が進行して、エントロピー（熱や物質の拡散の度合を示す物理量）を系外に捨てる定常開放系として定式化できます。地球も生物も人間も、系の外の環境から物質やエネルギーを取り入れ定常流をなす循環系が、それを特定の回路に流して消費すると同時に、代謝活動によりたまった汚れ（エントロピー）＊を系の外に捨てます。定常開放系は、より大きな定常開放系のなかにのみ存続します。

　定常開放系の流れはすべてのエントロピーを捨てきれず、流れは次第によどみます。つまりこの系は、生命以外の部分を含むことによって、生き、老化し、死に至る、方向性のある時間をもつのです。しかし、一つの系の死を部分として含んで、より大きな系は生き延びます。逆説的ですが、永遠に滞ることなくサイクルを紡ぐ、初めも終わりもないニュートン力学の時間＝非生命の世界と異なって、生命系は、エントロピーを系外に出しきることができず生命外の要素、つまり死への方向性を含むことによって、生きる系となって現れるのです。

❷ **自己増殖系**──「開かれた生命の世界」のなかで中村尚司が指摘したように、一つの生命系がエントロピーを系外に放出することができず、系そのものを捨てようとするとき、系の内部に低エントロピーの複製を縮小した形でつくり出します。こうした自己増殖によって種の保存が図られます。もとより自己増殖系は、老化や病いを抱えながら、エントロピーに抗して生命の更新と維持に向かうのです。

＊　たとえば、人間にとって高エントロピーの排泄物が、土壌中の微生物にとっては、低エントロピー資源として役に立ちます。

❸ **共生社会系**——人間という生命系は、生命活動を「外在化」させることによって、身体の外に身体組織を超えた系、共生的な（敵対的共生も含む）社会関係をつくります。動物の集生の系と異なって、この系は、言語のオブラートにくるまれており、人間の主体的な営みとして存立します。一度共生社会系が成立すると、定常開放系も自己増殖系も、共生社会系との関係で「言分け」的に再編成されます。

生命系を三層構造としてとらえることによって、人間学の射程のなかで、生命の活動は統一的に理解されるようになります。

2 生きることと価値

様々な価値

私たちは、日々物事に価値づけをしながら生活しています。価値とは、人間の欲求を満たす「よいもの」「望ましいもの」であって、客体の性質として人間が付置させるものです。砂漠で道に迷い、渇きに苦しんでいる人にとって一杯の水は大きな価値がありますが、宝石は何の価値もありません。

人間は、これまで、快や幸福、経済的な有用性、文化的・精神的な次元の真善美、そして正しさなど、様々な価値を見出してきました。ドイツの哲学者Ｉ・カント（1724〜1804年）は、人間の人格は、それ自体が絶対的な価値をもつ尊厳的なものと考えました。そこから、人間の道徳的実践は、快や幸福といった別の目的を達成するための「……ならば、……せよ」という「仮言命法」でなく、無条件にただ「……せよ」という理性の（……）絶対的命令＝「定言命法」に従うべきもの、とされました。しかし、たとえば、苦しむ者、弱い者、小さい者の「助けて」という素顔のよびかけに応答するのは理性でしょうか。それはむしろ、道徳とは無縁な、感性や身体の動きのように思われます。

愛＝生と死の二重記述

人間の生命活動に深々と根ざしている価値の一つに「愛」があります。「愛」は、自己が他者と合一して、そこに隔たりがなくなった状態、といえ

ます。この合一が起きる場合に、自己が他者を吸収する過程と、自己が他者に吸収される過程が生じます。前者は生、後者は死にかぎりなく近づきます。したがって、愛は生命の充溢と生命からの解放という、二つの過程の二重記述から生まれる、より高次の生命活動の次元といえます。

　愛は、生と死の二重記述からなるゆえに、文明の形成期や時代の変わり目に、多くの場合、宗教と結びついてその原型を創造してきました。ギリシアの自己中心的な求める愛としてのエロス、キリスト教の無差別平等な無私の愛、隣人愛を含むアガペ、中世の宮廷風恋愛にみられる情熱の愛、仏教の慈悲、儒教の仁、イスラームの神秘的合一としての愛、などがそれです。

　現代はF・W・ニーチェ（1844～1900年）以降、「神の死」と「人間の死」に伴う「愛の欠如」によって特徴づけられます。愛は政治的イデオロギーになってしまったり、商品化されたりして、アウラ（霊気）を失ってしまいました。それでもこの愛の荒野に、私たちは現代の愛の企てをみることができます。

　晩年のJ・P・サルトル（1905～1980年）は、フランス革命以来の懸案である「友愛の実現」を説きました。M・フーコー（1926～1984年）は、同性愛に「性を超えた友情」を認め、そのネットワーキングが生の様式を変えると考えました。神学者H・ゴルヴィツァーは、心情的な愛に代わる「構造的な愛」（＝行動的な愛）を説いて、自ら難民の群れに身を投じました。

　今日、私たちの愛はどのような形をとるのでしょうか。

新しい生命価値への問い

　生きることに伴う価値の問題を考えてきたところで、今日支配的な価値の一つが「お金」である（お金を手に入れることが自己目的化されている）という前提を認めた上で、次の問いを考えてみてください。今、生命に満ちた美しい森をゴルフ場用地に売ってくれ、といわれたとします。売れば、森の木をすべて切りはらい、整地として芝を植え、農薬を散布するという、ゴルフ場造成の手順が進むことになります。また、この森を売れば、一生遊んでもおつりがくるほどのお金が手に入ります。それでも森を売らないと人が決断するとき、お金に替わるどのような価値がそこに見定められているのでしょうか。

3　現代における生と死

病院のなかの生と死

　現代における生と死のありようを考える上で、興味深いデータがあります。日本における、出生の場所別にみる年次別出生率と、死亡の場所別にみる年次別死亡率の推移を示すデータです。出生場所については、自宅での出産は1955年から10年の間に82.4％から16.0％に激減し、代わりに病院での出産は、17.6％から84.0％に急上昇し、1980年には99.5％の出産が病院で行なわれるようになりました（高度成長期を考える会編『誕生から死までの物語──高度経済成長と日本人1』日本エディタースクール出版部、1985年）。死亡の場所の変化は、出生場所の変化ほど急激ではありませんが、それでも、いわゆる「畳の上で死ぬ」人が減少していき、それとは対照的に病院を死に場所とする人がふえている傾向が、はっきりと読み取れます。高度産業社会化が進行する過程で、家庭は、そこで生まれそして死ぬ場所ではなくなりました。なぜでしょうか。

　産業社会化が進むなかで、家族は、今まで保ってきた多面的な共同的生活機能を、産業的な専門制度に次々と外部化して、それらの装置からあらためてサービス商品として購入するようになりました。こうして「学び」は「学校」の一手専売となり、「遊び」はレジャー産業に、「移動」はクルマやジャンボジェット機のような「交通機関」に外部化されていきました。

　同じように、家族の「生死」および「癒し」も、共同性の専門組織への委譲の一環として、「病院」に委ねられるようになったのです。病院も、妊娠、出産、老化、死などの自然な生命活動にまで領土を拡大して、I・イリイチ（1926～2002年）のいう「医療化社会」をつくってきました。こうして生の初めと終わりは、家族の手をすり抜けて、専門家の手に委ねられるようになったのです。

5
生きることの暴力

1　生のなかの暴力

協同性と敵対性の背中合わせ

　生命系は、命の流れと共生とから編成されています。そして共生とは、相互活性化的な協同的やりとりと、敵対的やりとりの双方を含んでいます。共生において、命のやりとりと暴力のやりとりは背中合わせなのです。

　人間も生命系ですから、自然のなかの他の命と共生しなければ生きていけません。人間は、動物・鳥・魚・虫・微生物・植物などと共生しています。しかしよくよく考えてみると、この「共生」は、人間にとってかなり虫のいい、他の生物にとっては迷惑な、「共生」ではないでしょうか。人間は魚と共生していますが、同時に魚を食べるのです。これは敵対的共生、暴力的やりとり以外の何物でもありません。魚もまた他の小さな魚やプランクトンや海藻を食べます。食物連鎖に沿って、暴力的やりとりは不可避ということになります。そうすると、暴力的でないやりとりは、同類の間にしか成り立たないのでしょうか。

　これも直ちに判明することですが、同じ人間同士のやりとりは、協同性よりは敵対性に満ちています。日本はアジアとの共生を謳いながら、現実は政治・経済・文化のあらゆる面でアジアを抑圧しています。同国人同士のやりとりに焦点をしぼっても、また同じ職場に働く人々、あるいは同じ地域に住む人々に焦点をしぼっても、そのやりとりは協同的と同時に敵対的です。同僚の出世は、私の不出世なのですから、仕事の上での協力や仲のよさは、競争や敵対性と背中合わせです。

家族ならどうでしょうか。夫婦や親子は、小さないさかいはあっても、本質的に協同的やりとりのほうが比重が大きいように思えます。しかし、親子の関係に降り立ってみると、親が子どもに与えるケアが、協同的でありながら、何らかの押しつけであって、その分だけ何かを子どもから押し退けています。親のまなざし、言葉、いや親の存在そのものが、有無をいわさず、子どもを暴力的やりとりのなかに巻き込んでいるのです。

生きることに伴う初発の暴力

人間が生きるということに、暴力はついてまわるといえます。私がここに存在するということはその分だけ私が世界から場所を奪い取っていること、他の存在をその場所から排除していること、私の存在を他の存在に押しつけていることを意味します。私が生きるということに不可避のこの暴力を、初発の暴力とよぶことにしましょう。しかし、私だけが初発の暴力をもつわけではありません。他者も同様に、生きることによって初発の暴力を世界に対してふるいます。人と人とのやりとり、生命系と生命系とのやりとりには、相互の奪い取り、排除、押しつけ、つまり相互的な初発の暴力のやりとりが必ず伴います。

すでに第4節でみたように、生命系はその生命原理を三重の系に編み上げます*。これら三つの系にみられる固有のやりとりに、初発の暴力がどのように現れるかを考えてみましょう。

光合成によって自らをつくる植物を別として、多くの生命系は他の生命体を食べることによって個体を維持します。ここでのやりとりは、ある命を殺して別の命を生かすことにあります。生命体に死をもたらすことが最大の暴力であることは、いうまでもありません。他の命を殺して食べなければ生き延びられないかぎり、「食べる」というやりとりは、個体維持に伴う最も基本的な初発の暴力です。個体維持ということを離れた無益な生命体の殺傷から、過剰な第二次的な暴力が始まります。

種族維持のためには、まず異なる性の間の交わり、次いで親子の間のやりとりが必要です。生物によっては、交尾が終わると相手を食べてしまう生物がいます。産卵を終わると死ぬ生物もあります。人間を含む動物の場合、オ

スとメスの交わりは常に暴力的です。オスの側の行為は、突き入れる、貫く、侵入するといった積極的な動詞で表わすことができますが、メスの側の行為は受身の動詞で表わすしかありません。親子のやりとりもまた暴力的です。親は子を育てる過程で、未定型の子どもに型をおしつけ、介入し、突き入ります。こうした種族維持に伴う初発の暴力と、強姦や父系制・父権制に由来する男性優位主義、また幼児虐待や子どもへの過剰な教育などの過剰な暴力とは、区別される必要があります。しかし、これらの第二次的な、文化の産物としての暴力といえども、初発の暴力の基盤の上に編成されてきたことは、疑いようのない事実です。

　同じ種が集生してグループや共同体や社会をつくるときに、そこで中心になるのはまとまるという行為です。グループをつくらない生き方もあります。しかしグループをつくるかぎり、メンバーがまとまることが必要です。まとまるということは、同じ種の間に「われわれ」という状態が生まれ、同時に異なる種を「彼ら」として認識する状態がある、ということです。すなわち内集団の成立は、否応なしに外集団を存立させます。この「内」「外」の差異の認識と言分け、そして属性付与が、共同体維持に伴う初発の暴力です。ルネ・ジラール（1923年〜）はその著書『暴力と聖なるもの』のなかで、共同体が維持されているとき、人々の相互的な暴力性を、一人のスケープゴート（犠牲の山羊）に集中して、このスケープゴートを排除するメカニズムが働いていることを指摘しました。同じ種がつくる共同体の場合、犠牲の差異化と排除という、人々の暴力の爆発をコントロールするための、もう一つの暴力が働くわけです。

暴力の処理方式

　人と自然、人と人とのやりとりについてまわる暴力を、人間は様々なしかたで処理しようとしてきました。いけにえに暴力を振り向ける供犠、暴力の発散をする祭り、暴力の逆説的な介入によって日常の暴力を鎮静する儀礼や遊び、そして文化や政治制度、経済制度、法体系などは、ことごとく暴力の

＊　第一は栄養中心の系、個体維持の系です。第二は生殖中心の系、種族維持の系です。第三は集生中心の系、共同体維持の系です。

処理方式です。しかし、暴力の処理方式として生まれた文化や社会制度は、さしあたりは現実の暴力を抑え込むにしても、暴力を抑え込む暴力として、別の次元で暴力を拡大します。暴力の連鎖を断ち切るような暴力の処理方式はないのでしょうか。いかにして、生きることに本質的な暴力を乗り超えることができるのでしょうか。この問いが私たちに突きつけられています。私たちはこの問いへの答えをもち合わせていません。しかし、現実に行なわれている暴力との取り組みを参照することはできます。

　三浦半島の金田湾で沿岸漁業を営むある漁師は、「小さな魚は大きくなるまで育たなければいけない」といいます*。これは、過剰な暴力への注目に値する一つの処理方式です。この原則は、人と人とのやりとりへも射程を広げることができます。

　共同体の維持に伴う暴力の処理については、スケープゴートの排除方式が、同じ種の共同体を存立させることに目をとめる必要があります。共同体内の異質な存在に有徴性を見出し、その排除において「同じ種」という共同幻想が獲得されるわけですから、この構造自体を解体しなければ、暴力の連鎖を断ち切れません。すなわち、異なる人々の誰をも排除することなく、拡散したメンバーの間に、非中心化で相互活性化的な関係が成り立つネットワーキングが構想される必要があります。

2　戦争という暴力

二つのタイプの戦争

　暴力のやりとりの極限の形が戦争です。暴力のやりとりとして戦争をみるならば、「戦争と平和」という二項対立図式の上に、戦争は悪で、戦争のない状態としての平和は善とみなす考え方がいかに陳腐であるかがわかります。戦争がなくても暴力の構造が支配的な社会や時代は、いくらでもあるのですから。

　私たちは、たいてい、近代の戦争のあり方から戦争一般のイメージを組み立てます。すなわち、戦争とは、共同体や国家が敵の侵害から領土や権利や財産を防衛しようとしたり、逆に敵のそれらを獲得しようとする、武器を取

った闘いだ、ということになります。ところが、フランスの思想家ジョルジュ・バタイユ（1897〜1962年）は、『呪われた部分』のなかで、こうした戦争とまったく異なるタイプの、未開社会にみられる戦争のイメージを提示しています。それは、防衛も獲得もしないで、ただひたすらやりとりのなかでエネルギーを発散し使いつくす、祭りとしての戦争、蕩尽としての戦争です。この二つのタイプの戦争は、共同体維持に向かうか、共同体解体に傾くかという点に、論理的な、そして決定的な別れ道があります。

蕩尽としての戦争

　バタイユは、戦争の本質は蕩尽だといいます。未開社会に広く見出される儀礼戦争は、共同体の蓄積した食物や財産をひたすら浪費し、蕩尽するための戦争で、共同体の何物も防衛せず、また敵から何も奪うことのない祭りであり、ポトラッチです**。しかし、この場合、贈り物を互いに相手に実際に与えるのでなく、相手の目の前で、自分の財産を次々取り出して破壊してみせるのです。より貴重な財産を気前よく蕩尽したほうが勝ちになります。自分の家も奴隷も、すべての財産を破壊し尽くすこともあります。ポトラッチとしての戦争は、共同体の蓄えた財を蕩尽しますから、共同体を解体し、共同体的隷属を破壊します。ひたすら破壊に向けられる無償の暴力の浪費によって、共同体維持に伴う暴力の連鎖を断ち切るのです。

---

* この発言の前提には、ハイテク化した漁業の現実があります。船は衛星を利用し、コンピューター画面に魚群の位置、魚の種類と量を映し出し、そこに船を直行させると、コンピュータの画面をにらみながら張った巻き網で、魚群を根こそぎさらいます。その結果、何年もその海からその魚は姿を消します。金田湾の漁師はこのハイテク漁法に批判的です。彼は、成魚を取って、稚魚を残そうとします。そのために、一本の糸に40の針がついているのを半分はずして20にします。そうすると、大きい魚と小さい魚が競合して、比較的大きい魚がかかるからです。たこ壺についても、彼は、効率よく小さいたこも採れてしまうコンクリート製のねずみ取り式の壺でなく、大きなたこが入る古典的なたこ壺をすべての漁師が使うべきだ、といいます。

** ポトラッチとは、北米のインディアンにみられる蕩尽の贈与儀礼、二者間の贈り物合戦です。

共同体維持のための戦争

　近代の戦争は蕩尽としての戦争ではありません。蕩尽への志向性が何ほどか含まれるにしても、近代の戦争は蕩尽と共同体解体とは逆に、蓄積と共同体維持に結びついています。近代の戦争には、共同体維持に伴う二重の暴力がついてまわります。

　一方では戦争を遂行するために内部の結束を強め、隷属を促す暴力が働き、他方では外集団を攻撃し、侵略し略奪する暴力が働きます。第二次世界大戦のときの「非国民」と「鬼畜米英」は、共同体維持－統合型の戦争には常にみられる現象です。

　近代の戦争は「革命の戦争」、ナポレオン戦争（1789～1815年）から大きく変わります。徴兵制度が敷かれて、国家は市民を戦争に引き出すようになりました。愛国心や国家への忠誠が生まれ、「国民」が戦争とともに成立したのです。敵への憎悪をもち、敵をせん滅しようとする戦争が始まりました。

　第一次世界大戦以降の戦争は全体戦争です。国家の全体が巨大な戦争工場となり、国民の全体を巻き込む戦争になりました*。20世紀の戦争は、国民全体の強制的巻き込み、イデオロギーの暴力、兵器の破壊力の増大、ホロコースト（大虐殺）とジェノサイド（皆殺し）という暴力の大きさに特徴づけられます。

ホロコーストとジェノサイド

　ホロコーストの元の意味は、ユダヤ教の「全燔祭（ぜんはんさい）」の丸焼きの供物の意味ですが、主にナチスによる、600万人に及ぶユダヤ人大虐殺をさします。しかしホロコーストは、アウシュヴィッツだけではありません。日本軍による中国での「南京虐殺」も、シオニストによるパレスチナ難民虐殺も、そして水俣病も、ホロコーストといえます。ジェノサイドは、第二次大戦後のニュールンベルク裁判で最初に使われた言葉で、ギリシア語の人種を表わすジェノに、殺しを意味するサイドを結びつけた造成語です。「集団殺害」「皆殺し」などと訳されます。ジェノサイドは、戦時と平時とを問わず、国民的・人種的・民族的・宗教的な集団の全体または一部を破壊する意図で行なわれる、集団のメンバーの殺害や、肉体的・精神的迫害、破壊的な生活条件の強

要、出生防止措置の強要、児童の他集団への強制移住と定義されて、国際法上の犯罪行為となります。

　ヒロシマやナガサキは空からのジェノサイドです。しかし、前田哲男が『戦略爆撃の思想』で明らかにしたように、ゲルニカとヒロシマやナガサキを結ぶミッシング・リンク（失われた環）として、日本軍による重慶爆撃があります。「戦政略爆撃」の名で意図的・組織的に行なわれた日本軍の重慶爆撃は、ゲルニカと異なって一日かぎりでなく、三年間にわたって218次の無差別攻撃を行ない、1万2000人の死者を数えました。重慶爆撃のジェノサイドが、ヒロシマ・ナガサキのジェノサイドの引き金となりました。私たちは、空からのジェノサイドの被害者であるばかりでなく、加害者でもあるのです。ジェノサイドという最大の暴力のやりとりの、一方の加担者でもあるのです。そしてこのジェノサイドの系譜に、ミナマタ、チェルノブイリ、熱帯雨林のエコサイドが続くのです。

核戦争体制

　世界を覆う核の天蓋（てんがい）は、人間の手を隠れた暴力のやりとりの到達点を示しています。警報装置、ミサイルおよび迎撃ミサイルの誘導装置、赤外線追尾装置など、電子メディアによる、自動的な運動系列が核戦争体制の中枢を支配し、この系列に人間の目と手が介入する余地はありません。レーザー兵器は秒速30万キロメートルです。もはや人間がボタンを押すか否かを考えている暇などないのです。人間の目と手を排除している過程そのものが核戦争のすべてなのです。その意味では戦争はすでに始っているといえます。こうした自動的な決定および制御のシステムは、政治や企業や市民生活にも延長され、複製され、私たちの日常は戦場になってしまっているのです。核体制下の国家の全体が、オートメーション化した巨大な軍需工業となって、恒常的に構造的な暴力を吐き出し続けているのです。私たちはこの自動系列からプ

＊　20世紀の主な戦争における軍人と民間人の死者の比率は、右表のように変化しています（杉江栄一・樅木貞雄編『国際関係資料集』法律文化社、1997年）。

	軍人：民間人
第1次世界大戦	92：5
第2次世界大戦	52：48
朝鮮戦争	15：85
ベトナム戦争	5：95

ラグを抜くこと、そのことによって人間の背丈を超えた暴力的な構造への隷属を断ち切ること、そして自分の目と手をもって帰還することをのぞみます。

3　非暴力という生き方

非暴力抵抗

　暴力のやりとりからプラグを抜く一つの方法が、非暴力（抵抗）です。非暴力は、権力の暴力に対して、自らは暴力に訴えることなく抵抗することであると、さしあたり定義しておきましょう。相手の暴力に屈することで暴力のやりとりが収束するのではなく、抵抗して自らの主体性を救い出していきながら、暴力のやりとりを縮減する方法であることに目をとめておきましょう。

　非暴力（抵抗）は、マハートマー・ガンディー（1869～1948年）が、南アフリカのインド人の人権擁護運動から始めて、インドの独立運動で培った民衆の抵抗のスタイルであり、思想でもあります。ガンディーは、H・D・ソロー（1817～1862年）の「市民的不服従」の思想からも示唆を受けながら、主に、インドの宗教の伝統にみられるアヒンサー（不殺生）の考え方によって、「サティヤーグラハ」（真理と愛、非暴力）を提唱し、イギリス帝国主義の暴力に対して、非協力不服従による非暴力抵抗を実践しました。ガンディーの非暴力は、その後の民衆の抵抗運動に大きな影響を与えました。M・L・キング（1929～1968年）は、黒人の公民権運動に非暴力抵抗の方法を導入して、差別の撤廃を進めました。ベトナム反戦の運動として世界各地にみられたティーチ・インや、シンギング・インも、非暴力の一つです。

　非暴力は、デモンストレーション、ボイコット、サボタージュ、ストライキ、断食、座り込みによる直接行動の形をとります。この行動形態のなかに断食が含まれていることに注目したいと思います。ガンディーの非暴力の原点に立ち返ってみれば、非暴力に、断食、不犯、瞑想が伴っていたことを見過ごすことができません。ガンディーの非暴力の中核には、インドの民衆が営々と培った宗教感情アヒンサー（不殺生）、つまり生活の非暴力があるのです。

生活の非暴力

　ガンディーの行動は、非暴力が権力の暴力との闘いであると同時に、自分の内側の暴力との闘いでもあることを教えてくれます。私たちの日常が暴力のやりとりに満ちた戦場であるならば、非暴力は生活のなかにこそ見出される必要があります。

　非暴力は、生活の非暴力として定義し直されます。生きているかぎり避けられない初発の暴力に対する罪償の儀礼であり、生きていることをやめないで行なう癒しです。それは、生きるということに不可欠の、個体維持に伴う「食べる」暴力、種族維持に伴う「犯す」暴力、共同体維持に伴う「排除する」暴力に対する、暴力の処理方式、償い、癒し、祈りなのです。

　非暴力は、相手のなかにわずかでも潜んでいる非暴力を、やりとりの関係に引き出すことによって、相手をも癒します。この相手に潜む非暴力とは何でしょうか。それは共苦の感受性、やさしさ、エマニュエル・レヴィナスのいうヴァルネラビリティ（傷つきやすさ）の感情ではないでしょうか。

　非暴力の祖型は、その意味では、食べられる側、犯される側、排除される側の心性に見出されます。つまり、人間以外の生き物、子ども、女、そして被差別者・被抑圧者の根元的な心性です。リリアン・スミスは『王と死骸のあいだの対話としての自伝』のなかで、「女は、文明が欠如しているのでなく、文明に対する忠誠心が欠如しているのだ。そのために女は奴隷制を裏切り続けてきた」といいます。男のつくった奴隷制をたえず裏切る女の感情は、アドリエンヌ・リッチ（1929～2012年。アメリカの詩人。フェミニストの批評家）が「相手を間違えた感情」とよぶ、男に強姦された女が本能的に強姦者をかわいそうと思う感情に通底しています。リッチが「あの内的総合、生命の中核にある何か」とよぶものが、非暴力の根源です。

6
人間を引っくり返す

1 自民族中心主義を問い直す

擬似種族

　私たちは「人間」を無条件に称揚することはできません。「人間的な映画だ」とか、「人間的な社会をつくろう」などという謳い文句のなかの「人間的」も、実に疑わしいものです。普遍的なものを表わすつもりで用いる「人間」に、私たちは無意識のうちに自己中心的な擬似種族を滑り込ませます*。
　擬似種族の真骨頂は、自己の憎悪や劣悪な部分を外の集団に投射して、その外集団を排除したり、差別することにあります。今までよく「人間」にもち込まれてきた擬似種族は、「民族」と「男性」です。生物から聖別された「人間」も、もう一つの擬似種族といえます。擬似種族に乗っ取られた「人間」は、普遍的なものの名において、帝国主義的な支配や経済的な制覇、権力的な関係を正当化するために用いられます。

人間のなかの自民族中心主義

　人は常に自己を中心にして、いわば天動説的に世界をみます。混んでいる電車に乗る人は「わあ、混んでる」とはいっても、「私もまた、電車を混ませている」とはいわないでしょう。この自己中心的な私に民族が入り込むと、私は最初から人間であるということを信じて疑いませんから、「人間」＝「民族」＝「私」という等号が成り立ちます。かつてアジアは、西欧にとって憧憬の地、地上の楽園でしたが、西欧での産業の発達とともに、遅れた国、利用すべき地となりました。18世紀に、「文明」の観念が「平和、安定、学

芸」の意味から「生産、進歩、教育」へと変化し、同時に、文明化された「人間」の観念も、感情や本能を禁欲・自己抑制して、エネルギーを生産行動に向ける、後にM・ウェーバー（1864〜1920年）が『プロテスタンティズムの倫理と資本主義の精神』で描くような近代的人間像となります。

　近代西欧の世界制覇とともに、「人間」は普遍的なものの押し出しの下で西欧の自民族中心主義に領有されていきます。たとえば知能の優劣の「科学的」ものさしとして、19世紀に頭蓋計測が、20世紀にはIQ測定が用いられましたが、「すぐれた知能」なるものは欧米白人がモデルでした。社会の発展段階論にも近代化論にも、西欧の自民族中心主義が入り込んでいます。日本も「人間」のなかに日本の自民族中心主義を封じ込め、アジアに押しつけていないでしょうか。私たちは、「人間」のなかの自民族中心主義を、相対化して取り出すことが必要です。

2　男性中心主義を問い直す

人間＝男性

　「人間」にはまた、「男性」がよく密輸入されます。第一、英語のmanは、「人間」であると同時に「男性」でもあります。「人間」の顔で、実は「男性」がまかり通っているのです。

　よく知られている通り、『聖書』の「創世記」によれば、神が土（アダマ）の塵で、自分にかたどって人（アダム）をつくり、次いで、この人から抜き取ったあばら骨の一部で女をつくり上げました。女がつくられたことで、人は男でもある二重性が明らかになります。人は神のかたどりですから、神もまた男ということが示されています。「人間」という観念の造形の最初から、男性優位、男性中心主義があったといえます。19世紀、医学部の臨床外科の教授で、頭蓋計測学の大家ポール・ブロカは、計測した事実の分析から「一般に脳は老人より壮年に達したおとなのほうが、女性より男性のほうが、普

＊　擬似種族とは、開かれたアイデンティティ（同一性）が形成されないとき、自分の種族とみなす集団と一体化して、自我の空洞を代償的に癒しつつ、その種族を聖別して幻想的に存立させたものです（E・H・エリクソン）。

通の能力の人より傑出した人のほうが、劣等人種より優秀な人種のほうがそれぞれ大きい。他の条件が同じなら、知能の発達と脳容量との間には、顕著な相関関係が存在する」と結論を下しました。

S・J・グールド（1942〜2002年）は、著書『人間の測りまちがい』のなかで、ブロカの研究を読み直して、ブロカの「やり方」を明らかにしました。彼によるとブロカは結論からもってきます。ブロカの結論は、当時最も成功した白人男性が共有していた了解事項で、最上位に白人男性が位置し、次いで白人女性、黒人、貧乏人が順に下位にくる、というものでした。この結論に合わせて、それに役立つような事実が選択的に集められたのです。ここには、自民族中心主義と重なる男性中心主義がみてとれます。

男性中心主義を超えて

私は、アドリエンヌ・リッチの、『嘘、秘密、沈黙』のなかの次の指摘に心打たれます。リッチは、女たちが男性中心主義の前で自らを破壊する方法のいくつかを列挙しています。❶自分をつまらぬもの、女は大きな創造活動をする能力がない、という嘘を信じること。❷他の女たちは自分自身であるがゆえに、「女は決して本当に何事かをする気はない」などと、女性に向けて敵意や軽蔑や不信を抱くこと。❸たとえば、強姦された女性が本能的に強姦した者をかわいそうだと感じるような、相手を間違えてもつ同情。❹女の生き方として無私で犠牲的な愛の観念におぼれること。

リッチは、自己卑小化、女性への軽蔑、相手を間違えた同情、愛への惑溺（わくでき）という、この四重の毒を洗い流すことができれば、女たちの精神と身体はもっと均衡のとれたものとなって、生き延び、立て直すための行動に向かえるだろうといいます。

3　人間中心主義を問い直す

自然の破壊者

聖なるもの、神がまだ生きていた時代には、人間は「万物の長」として、いわば神の代貸しを務めていました。これも一つの人間中心主義でしたが、

それでも神への畏れ、自然への畏敬がありました。しかし、商品経済や貨幣経済の発展とともに世俗化が進んで、聖なるものの影が薄くなり、人間は神抜きで宇宙の中心に座を占めます。このとき自然は、もはや、やりとりする相互性の相手でなく、資源としてそこから一方的に収奪したり利用する「対象」に変化します。この意味の人間中心主義は、生態系としての自然を破壊し、人間内部の自然を破壊し、労働に含まれている相互性を破壊してきました。

「血のきれ」と「あいたい」

　水俣に「血のきれ」と「あいたい」といういい方があります。水俣以外でも使われているかもしれませんが、いずれも命に関わる言葉です。生命系は、「流れ」と「共生」とからなっています。「流れ」とは、新陳代謝や世代交替、異種の生命連鎖などのことです。「共生」とは、生命は他の生命とともにしか生きられない、ということです。たとえば、水槽に一種類だけ微生物を入れておくと死んでしまいますが、複数の微生物を共存させると生き延びることができます。水俣で用いられている言葉は、この流れと共生に近いのです。

　「血のきれ」は、とうとうとした血の流れがあって、人間はその一環節にすぎないという、世界と人間の見方を表わしています。「あいたい」は、共生の一つのありようを示す言葉で、本来は人と人とが対等に、心をこめて向き合ってやりとりすることです。「あいたい」は人間と自然の関係にも拡張して、たとえば漁師と魚、漁師と海の共生関係、つまり自然を破壊しない労働のあり方にも転用できます。「血のきれ」と「あいたい」という言葉が生きているかぎり、人間中心主義は出る幕がありません。

　私たちは自民族中心主義、男性中心主義、人間中心主義という三重のイドラ（幻像）を引きはがし、一度「人間」をひっくり返すことを通して、人間を救い出していく必要があります。

▶▶▶ 参考文献

石原吉郎『石原吉郎詩集』思潮社、1969年。
ウェーバー、マックス（大塚久雄訳）『プロテスタンティズムの倫理と資本主義の

精神』岩波文庫、1989年。
グールド、S・J（鈴木善次・森脇靖子訳）『人間の測りまちがい——差別の科学史』河出書房新社、1989年。
ゲーレン、アルノルト（平野具男訳）『人間』法政大学出版局、1985年。
ジラール、ルネ（吉田幸男訳）『暴力と聖なるもの』法政大学出版局、1982年。
槌田敦『資源物理学入門』日本放送出版協会、1982年。
バタイユ、ジョルジュ（生田耕作訳）『呪われた部分』二見書房、1973年。
ベイトソン、グレゴリー（佐藤良明訳）『精神の生態学』〈改訂第2版〉、新思索社、2000年。
前田哲男『戦略爆撃の思想——ゲルニカ、重慶、広島』朝日新聞社、1988年。
丸山圭三郎『文化のフェティシズム』勁草書房、1984年。
ユクスキュル、ヤーコブ＋ゲオルク・クリサート（日高敏隆・羽田節子訳）『生物から見た世界』上・下、岩波書店、2005年。
リッチ、アドリエンヌ（大島かおり訳）『嘘、秘密、沈黙』晶文社、1989年
ルソー、ジャン＝ジャック（小林善彦訳）『人間不平等起原論』中央文庫、1974年。
レヴィナス、エマニュエル（合田正人訳）『全体性と無限』国文社、1989年。
和辻哲郎『風土——人間学的考察』岩波文庫、2010年。

私を探す／私から自由になる

1
他者と出会う旅

1　からだを感じることから

「私を知る」試み

「私とは誰か？」「本当の私とは何か？」という問いは、人間の歴史とともに古いものです。そして「私を探す」とは、やはりそのような問いをめぐる自己探求——私を知ろうとするドラマ——を意味しています。「私を知る」ということは、「私とはかくかくしかじかの人間である」のように、言葉によって私を理解することだと考えられがちです。けれども、「私を探す」といういい方には、言葉による「知的」な自己探求とはまた違う意味がこめられています。

ここでは、その意味を理解するためのひとつの手がかりとして、「触れる」ことを通して自分のからだを感じる、ということをやってみましょう。両方の手でからだの部分ひとつひとつに触れながら今の「私」を探求していきます。この「セルフ・タッチ・スキャン」というプラクティスを実際に体験してみることで、「私を探す」ということの意味もまた実感できるでしょう。

自分に触れる

まず、自分の好きな姿勢をとりましょう。床の上でも、あるいは椅子を使ってもけっこうです。軽く目を閉じ、からだを感じてみます。今の呼吸はどんな感じでしょうか。息が入ってくる。そして、出ていく。その感じに注意を向けます。呼吸を深くしようとしたり、コントロールしようとしたりせず、あるがままの呼吸にまかせます。からだのどこで一番呼吸が感じられるでし

ょうか。もしそういう場所があったら、そこに軽く手をあててみてください。手のひらを通して呼吸を感じ、しばらくその呼吸といっしょにいてみます。

　では、ゆっくり手を離してください。今度は両方の手を頭の上の部分に軽くあててみましょう。特別なことをして何かを起こそうとしたり、変えようとしたりする必要はありません。ただ手をあてるだけで十分です。触れている手、触れられている部分。どんな感じがするでしょう。

　少しずつ位置を変えながら、頭や顔のそれぞれの部分に触れていきます。頭の両側、額や後頭部、眉のあたり、こめかみ、両方の耳や目……。どうぞ時間をかけてください。あくびやため息が出てきたらそのまま出してしまいましょう。

　顔から首や肩、背中、胸へと移っていきます。さらに、両方の腕と手にも触れましょう。再び胴体に戻り、お腹や腰、おしりから両脚へ。姿勢は自由に変えていってかまいません。こうやって頭から始めて足の裏までゆっくり触れていきます。

　触れて感じてそこにいる。そして、何が起こるかを見ていく。それが基本です。触れることで自然に私たちの注意がそこに集まります。もちろん、それでも気持ちが他へ向いたり、考えごとが始まったりすることもあるでしょう。その時は、手の感覚や触れられている部分の感覚に注意を戻します。そして、時々、自分の呼吸にも気づきを向けてみてください。呼吸は常に「今ここ」で起きています。呼吸を感じることが、私たちが「今ここ」にとどまることを助けてくれるでしょう。

この場に戻る

　触れることを終えたら、背中を下にして床の上に横になってみてください。そして、からだを感じてみます。どんな感じがするでしょう。今の呼吸はいかがですか。一番呼吸が感じられるところに手をおいてみましょう。最初に呼吸を感じたときと何か違いはありますか。

　では、自分の重さや呼吸を感じながら、ゆっくりと起き上がってください。目を開いてまわりを見回してみましょう。どうぞこの場に戻ってきてください。

さあ、これでセルフ・タッチ・スキャンのセッションを終えましょう。

2　再生のドラマ

「私」と出会う

さて、自分に触れるというシンプルなこのプラクティスはいかがだったでしょう。ひとりひとりに、その時その時、様々な「私」との出会いが生まれます。

「気づくと考えごとをしていた」。「うまく集中できなかった」。もしそうだったとしても何も問題はありません。それもまた「私」との出会いです。私たちはふだん、そうとは気づかずに、考えごとをしていたり、外からの刺激に反応したりしています。からだの感覚に注意を向けようとすることが、かえって「ふだんの私」がしていることに気づく機会になったのです。

最後に横になった時、からだがとても重く感じられる場合もあります。「からだがまるで床に沈み込むようだった」と話す人もいました。からだに触れることで緊張がとけて疲れが出てきたのかもしれません。身体を固めていた「ふだんの私」とは少し違う「私」がそこにいます。

反対に、疲れが抜けてからだがすっかり軽くなったように感じられることも珍しくありません。気持ちに明るさが射しこんだり、周囲の世界がずっとクリアーに見えるようになったりすることもあります。ある人はそういう経験について驚きをこめて「からだはふだん考えているより大きなものだった」と語っています。「からだはいつでもそこにいてくれた。ありがとう」と話してくれた人もいます。

もちろん、何か特別な経験をすることが、「からだを感じる」ことの目的ではありません。けれども、時として私たちは、からだとのつながりを深めていくなかで、いつのまにか「ふだんの私」を越え出ることがあるのです。そして、活性化され、深く目覚めた「私」に出会います。「ああ、これが私だ。今までどこへ行っていたのだろう」。思わずそうつぶやきたくなるような出会いです。それは、私たちが新たな存在へ生まれ変わる小さな「再生の経験」としてとらえることができるでしょう。

私を探すドラマ

じつは「私を探す」ということの核心にあるのも、そのようにからだで感じることのできる再生の経験です。「私を探す」とは、「知的」な自己探求というよりはむしろ、時には様々な感情に突き動かされながら、気がつけばからだごとそこに巻き込まれているような自己探求のプロセスです。それは何よりもまず、私たちひとりひとりのからだに起こる出来事だといえます。そして、新たないのちを吹き込まれた存在へと再生し、「これが私だ」という強い存在感をからだが感じた時に初めて、その探求にも一応の終止符が打たれます。そういう意味で、「私を探す」ということは、実際にひとつの再生のドラマを演じるということに他なりません。

「私」であることの痛み

私たちは、日常生活のなかで「私とは誰か？」と考えることはあまりありません。そう問うことが特に必要ないからです。そのようななかで「私を探す」ドラマは、どのようにして始まるのでしょうか。

カフカの小説に、『変身』という作品があります。その冒頭の部分で、主人公グレゴール・ザムザが、ある朝目を覚まし、自分が一匹の大きな毒虫になっていることに気がつきます。彼は異変を感じつつも、再び眠ろうとします。しかし、仰向けの姿勢を変えることができず、もがいているうちに、わき腹に鈍い痛みを覚えます。その痛みが、彼に眠ることをあきらめさせます。こうして、彼の「変身」の悲喜劇が始まることになります（カフカの『変身』という作品自体は、グレゴールの「再生」ではなく、まさに彼の「虫への変身」をそのテーマとしています）。

一匹の虫になってしまったグレゴールほど劇的ではないにせよ、私たちはある日気がつくと、それまでごくあたり前に思っていた「私」という存在に、ある居心地の悪さを覚える、という経験をすることがあります。何となく自分に愛想がつきたり、ふと自分がなくなってしまったと感じたり。しかし、そういうときでも、何かおいしいものを食べたり、友達とおしゃべりをしたり、一杯のビールでぐっすり眠ったりして、元気を回復する、ということも

多いものです。つまり、私たちは、そのような経験を処理するための独自の方法、いわば自分流の「再生の儀式」をもっているわけです。

ところが、その居心地の悪さが、グレゴールのわき腹の痛みの場合のように、「再生の儀式」を役に立たなくさせてしまったら、どうでしょう。何かにからだがせき立てられて落ち着くことができず、食事やおしゃべりを楽しむことはおろか、眠ることさえままならない。この「私」に落ち着くことができなくなったそのとき、私たちは知らず知らずのうちに「私とは誰か？」と問い始めているのです。この自分が、果たして本当の自分だろうか、いったい本当の自分はどこにあるのだろうか、と。

つまり、「私を探すドラマ」は、現実の自分に対するやむにやまれぬ落ち着かなさとして、いい換えれば、からだに覚える私であることの痛みとして始まるのだ、と考えることができます。自分に落ち着くことを許さぬその痛みが癒されるまで、それは終わることがありません。それゆえに「私探し」は、痛みを癒された新しい存在への再生、というドラマの形をとらざるをえないのです。

3　私を探す旅／私から自由になる旅

「漂泊の思ひやまず」

私たちは、観光旅行とか商用の旅といった目的をもった旅ではなく、ただ「漂泊の思ひやまず」目的のない旅に出ることがあります*。青年期および引き延ばされた青年期を生きる若者はもとより、いいおとなや高齢者もまた、人生の節目や危機のときに、日本各地、インド、タイ、ネパール、メキシコなどへ旅に出ます。「内なる旅」ならば、私たちはほとんど毎日のように旅に出ているのではないでしょうか。

人はなぜ旅に出るのでしょうか。イラクで人質になった高遠菜穂子さんは、著書『愛してるって、どう言うの？──生きる意味を探す旅の途中で』（文

---

* 芭蕉の『おくのほそ道』の冒頭の、人生を旅と見る文章より。「月日は百代の過客にして、行かふ年も又旅人也。（……）古人も多く旅に死せるあり。予もいづれの年よりか、片雲の風にさそはれて、漂泊の思ひやまず（……）」。

芸社、2002年）のなかで、「30歳になって、独身で、現在恋人もいなくて」という彼女が、インドやタイを放浪しながら、他者との出会いを介して「自分が本当に望んでいること」を見出す物語を綴っています。きれいごとの定型になっていることを割り引いてもなお、絶望のなかに自分の生の意味を必死で探ろうとする彼女の立ち方、いや歩き方が伝わってきます。

ボランティアという旅

人は、確たる目的のない旅に出るようにしてボランティアに出会うのではないでしょうか。ボランティアもまた人生の旅の一環です。「なぜボランティアをするのか？」と問われて、ある障害者介助のボランティアは言います。

> なんでオレは生きてるのかってのが、ずーっとあるんですよ。だから、ときどき虚しくなるんですよ。なんでオレは生きてるの？　っていうのに、なんか意味がほしいっていう（渡辺一史『こんな夜更けにバナナかよ——筋ジス・鹿野靖明とボランティアたち』北海道新聞社、2003年、89頁）。

ヒマと余裕があるからではない。切羽つまって、生死を賭けての旅として、ボランティアに行き着くのです。介助される方もする方も必死で生き延びようとするとき、ボランティアの現場は、とうてい「自発性」と「共感」、「善意」と「感謝」が交響する美しい場所ではあり得ず、むしろやさしさと憎悪、共振と対立がせめぎ合う修羅場と化すでしょう。修羅場をくぐって、どちらが「支えられる側」でどちらが「支える側」なのか、相互転換が起こって分からなくなることがあります。すなわち、「障害者としての私」も「健常者としての私」も、そのような「私」から離脱してゆき、主体同士として支え合う関係が立ち上がるのです。

「私を探す旅」／「私から自由になる旅」

遠い地への旅も、ボランティアの旅も、「人生の旅」も、共通の転位を伴うことに気がつきます。どの旅も、怠惰な生活をなんとかしたい、このままじゃ自分がダメになる、自分の居場所を探したい、生を実感したい、私が生

きている意味を探したいといった、「私を探す旅」から始まります。この旅は住み慣れた生活世界をひとまず離れて異なる世界に身を移すことを伴うので、開かれて鋭敏になった視界に、異なる風景とさまざまな他者が現れてきます。私と他者が出会うとき、そこにどのような関係が生まれるでしょうか。一方が他方を支配したり所有するのでなく、対等なやりとりのなかから、双方が既成の「私」から自由になって、相手を我が物にする「我有化」を免れて、したがって互いに他者を非支配・非所有のままに置きながら、そのような未知の私すなわち内なる他者を見出し、互いに主体として立ち上がる共生の関係が成立します。

「私を探す旅」は、「私から自由になる旅」「他者と出会う旅」を経て、「新しい人」としての私を見出す旅となります。

4　個体性と共同性をめぐる旅

身体の二重性

「私を探す旅」は、ひとりの私を探す旅であると同時に、私をあらしめる他者とともにいる共同の場所を探す旅でもあります。旅の二重性は、もともと私たちの身体が、この世にひとり個体として切り離されて生まれながら、他者の身体との共在性、共同性のなかにのみ生まれ育つという、身体の本源的な二重性に由来しています。さらに、共振性、相手に関心をもつ向かい合い、関心をもちつつ肩を並べる協同行為、選択的非注意といった共同性のあり方の差異に応じて、個体の立ち方も、他者と世界の捉え方も異なってくるでしょう。

ここでは、人生の初源の時にフォーカスを定めて、そこで他者との出会いと相互性が凝縮的に紡ぎ出す個体性と共同性をめぐる「劇」に目をとめてみましょう。この「劇」の延長上に「私を探す旅」のゆくえも遠望できるかもしれません。

主体がともに立ち上がる

生後１、２カ月の赤ちゃんとふと目が合って、目と目が合い続けることが

あります。赤ちゃんは心の湖の奥底まで届きそうなまなざしでまじまじと目を合わせ続けるのです。このとき赤ちゃんは、他者の目を客体的な対象として見ているのではありません。目を合わせ続け、時には目を逸らせるのは、背景を構成する眠っているもろもろのモノと異なり、その他者の目、顔、全身に、自分を集中的な関心の宛て先とする「主体」としか言いようのないものを見出し、同時に自分に向かって射し込んでくる異様な力によって内側に胎動し始めているもう一つの「主体」を触知しているからではないでしょうか。赤ちゃんと他者との間の、目と目が合う「対面注視」は、人生で最初の「相互主体性」すなわち主体と主体の相互的な立ち上がりを呼び起こすのです（浜田寿美男『発達心理学』）。

共同注視

　赤ちゃんは生後半年もたつと、手近なモノを握ったり、振ったり、投げ落としたりします。手によるモノの操作の基盤の上に、赤ちゃんと他者がいわば主体同士肩を並べて、離れたところにある同じモノを見る「共同注視」（joint attention）を経験します。赤ちゃんの側に顔を寄せながら、木の枝にとまる鳥を指さして「ほら、あっち、鳥よ」と赤ちゃんのまなざしを誘い、言葉でも語りかけるとき、何が起こるでしょうか。

　第一にファンタジーに包まれた共同主体性の立ち上がりとつながりを体感します。同時にまなざしはズレを伴うので、他者との切り離し、異なりも経験します。第二に「ほら、あっち、鳥よ」と指さすとき、赤ちゃんはさす指（意味するもの）とさされたモノ（意味されるもの）の分離・飛躍を経験しながら、鳥を対象化して見ることを学びます。こうして第三項のモノへの「共同注視」を通して、赤ちゃんは他者との間に、個体化と共同化、主体化と客体化という重層的な働きを紡いでいきます（北山修『共視論』）。

別の私への未来構想

　すでに述べたように、人間の身体は強いられた個体性と強いられた共同性の二重の緊縛を背負っています。他と切り離された個体だからこそ共同性を求め、共同性にからめ取られているからこそ、単独性を渇望するのです。二

重の緊縛の記憶、交差する離脱と参入の実践の記憶、そしてまた新しい二重の緊縛の生成の記憶。過去の記憶が織りなす「索引」に照らしながら、他者の現れに関わる「予兆」と「徴候」に導かれて、別の個体性・別の共同性への未来構想が始まります。離脱と参入が内発的なものでなく、規範への押し込めになるときは、未来展望が開かれません。別の私を探す旅は、まずもって規範的な私から離脱する旅を必要とするのです。

5　私が生まれる──社会における再生

1　喰らわれし者アルハ

■テナーの宿命

　以下では、アメリカの作家U・K・ル＝グウィン（1929年〜）の『こわれた腕環』（ゲド戦記Ⅱ）という作品のなかから再生の物語を取り上げ、「私を探す」ということについて掘り下げて考えてみることにしましょう。

　この作品は、アースシーという世界をめぐる物語（全六巻）のうちの第二巻にあたります。物語の主人公のひとりがゲドという名の男の魔術師です。『こわれた腕環』には、もうひとりの主人公となるテナーが少女として登場します。ここで焦点をあてるのは、その少女テナーの「私を探すドラマ」です。

　「帰っておいで、テナー。帰っておいでったら！」という母親の印象的なよび声で、第二巻の話は始まります。テナーは、アチュアンの墓所の大巫女の生まれ変わりとして、五歳になると両親のもとから墓所へと連れ去られることが、すでに決まっていました。

　アチュアンとは、物語のなかのガルガド帝国の四つの島のうちの一つで、そこには、人間社会が誕生する前に世を支配していた、名なき者たちの墓があるのです。テナーは帝国の聖地であるその墓所で一年を過ごしたあと、大巫女アルハになり、その身を名なき者たちに捧げることになります。アルハとは名を奪われ魂を食われた、「喰らわれし者」を意味しています。

■大巫女アルハ

墓所での十年一日のごとき単調な修業の日々が始まります。

やがてアルハは、自分がテナーであったことに結びつく唯一の手がかりである、母親の記憶をもなくしてしまいます。自分は墓所の人間なのだ、そう思う一方で、「この"アルハ"とよばれる自分が何者なのか」と、考えずにはいられませんでした。

この退屈な生活は、アルハが15歳で成人し、大巫女の一切の権限を与えられても変わりませんでした。「自分の一生は、こんなふうに過ぎてゆくのだろうか?」。大巫女アルハであることとは、この退屈さ以外の何物でもない、と考えることは耐えがたいことでした。しかし、生活が一変する日がやってきました。成人して一年、彼女は、地下に広がる迷宮へ入ることを許されたのです。その闇と静寂とが支配する迷宮に足を踏み入れるたびに、「自分がまったく一人で、誰の支配も受けずにそこにいるのだ」という不思議な思いがわき起こりました。「代々の巫女は実はただ一人の人間であり、彼女たちの生命も自分の生命も同じ一つのものである」ことを、実感するようにさえなるのです。

2 「アルハになるのか、テナーになるのか」

■ゲドの出現

アルハは「私とは誰か?」という問いを忘れてしまったかのようです。地下の世界に親しむことで、喰らわれし者アルハである痛みは知らないうちに癒されていたのでしょうか。迷宮を知ってから一年ほどたったころ、聖なる場所である迷宮にゲドが侵入してきます。彼は、世界に平和をもたらすと信じられているエレス・アクベの腕環の片割れを持っていたのですが、もう一方の片割れを求めて、アチュアンの墓所に忍び込んだのです。しかし、ゲドはアルハによって迷宮に閉じ込められてしまいます。

アルハは掟に従ってゲドを殺さなければなりません。しかし、「あの男に死を!」と思えば思うほど、アルハのなかには「いや、生かしておかなければ!」という思いが、わき上がってくるのでした。彼女は眠れぬ日々を過ごします。ゲドが、彼女のアルハであることの痛みに、再び火をつけたのだと

いえるでしょう。相反する気持ちの交錯に突き動かされながら、彼女は、自分でもそうとは気づかずに、ゲドと、つまり「私とは誰か」という問いを生むその痛みと向き合うことを選んでいくのです。

■私はテナー

ものの本当の名を知る力をもつゲドに、「テナー」とよびかけられ、アルハは思わず、「私はテナーなんだ」とつぶやき、恐怖と歓喜に身を震わせます。彼女は長い間失っていた名前を取り戻したのです。

ゲドは、「あんたは、布で覆って暗いところに押しこんであるカンテラみたいだ。だが、ちゃんとあかりはともってる。みんなはあかりまでは消すことができなかったんだな」とテナーに語りかけます。そして、「アルハになるのか、テナーになるのか。両方同時にはなれないんだ」と静かに決断を促しました。名なき者たちの奴隷としてここで生き続けるか、それとも、ここから逃れて自由に生きるか。彼女にとって、道はその二つに一つでした。

彼女の手のひらで、二つに分かれていたエレス・アクベの腕環が一つに合わさったとき、アルハはテナーへと生まれ変わることを決意します。

こうして、テナーとゲドの迷宮からの脱出行が始まります。「でも、もしも私が闇の者たちに仕えることをやめたら、私は殺されるわ。ここを出たら、私は死んでしまう」とテナーはいいます。「あんたは死なないよ。アルハが死ぬんだ」とゲドが答えます。

■命の痛み

テナーの私を探すドラマは、アルハであることに落ち着くことのできぬ痛みとともに始まりました。その痛みはどうして生じたのでしょう。

生き生きと弾む命を抑えつけることで、喰らわれし者アルハは誕生しました。しかし、弾む命は、本人の意識の外へ追いやられてしまったとしても、なお命脈を保っていたのです。様々な形でアルハのからだが感じる痛みは、意識下へと抑圧された命からのメッセージに他なりません。ゲドは、そのメッセージをカンテラのあかりにたとえています。

抑圧されている命の存在証明ともいえるこの痛みは、現代社会を生きる子

どもや若者たちとも無縁ではありません。例えば、「墓所」を「学校」といい換えてみたらどうでしょう。たちまち舞台は現代社会に移り、私たちの周りにいるアルハやテナーの姿が見えてくる、ということはないでしょうか。

■若者と私探し
　からだに顕れてくる痛みが、社会という舞台で私を探すドラマを演じることに結びついていくのは、人が青年期に達してからです。子どもからおとなへ成長していくちょうどその中間の時期に、私たちは、守り育ててくれた子ども時代の環境から自立し、自らの未来を自由に決定しうる存在として、社会の一員となっていかなければなりません。つまり、青年期になって初めて、社会のなかでもう一度「私」として生まれるということが課題となります。
　テナーの場合も、大巫女という社会的役割を、あらためて自分のものとして選び直すことを迫られました。そのときにゲドと出会い、アルハであることの痛みが膨れ上がり、私を探すドラマに巻き込まれていったのでした。

■私が生まれるということ
　この「私」が潜在的な命の力や可能性を抑えつけることで成り立っていることを知ったり、「私」自身に対してノーと言ったりすることができても、それだけで私であることの痛みがなくなるわけはありません。「あんたは死なないよ。アルハが死ぬんだ」というゲドの言葉が示すように、生まれ変わるためにはそれまでの私をいったん手放すことが必要になります。しかし、それはけっしてかんたんなことではありません。どんな私であるにせよ、今の私には十分な存在理由があるからです。それは命の力や外的な様々な脅威に対する防衛のための「鎧」としての役目も担い、安心感や安全感を与えてくれています。「鎧」を脱ぐことに怖さや不安を感じるのはむしろ自然なことです。
　迷宮から逃れ出る決意をしたテナーも脱出の途中で恐怖に足がすくみ、いくたびもアルハへと引き戻されそうになりました。名なき者たちの奴隷でしかなかったとしても、大巫女であることによって彼女はある自由や安定を得ていたのです。しかし、自分の世界として慣れ親しんでいた迷宮が今や命を

奪う軛として立ちふさがり、恐ろしい地響きをあげています。それまでの私ではどうしようもできない出来事に直面した彼女は、ゲドの励ましも受け、全力で立ち向かいました。そして、不安や怖さ、さらには自由の重さに押しつぶされそうになりながらもテナーとして生きることを受け入れていきます。

　私であることの痛みに導かれて、再生のドラマは始まります。そして、目の前の現実や自分自身と向き合ううちにいつしか「鎧」を抜け出て「ああ、これが私だ！」という感覚を新たに持つようになる時があるのです。それぞれプロセスを経て「私が私でなくなる」ところを通り抜け、「私とは誰か？」という問いを生む痛みが癒される。その時、私たちは新しく生まれ変わることができるのだといえるでしょう。

3　テナーとゲド
■ゲドとマナン

　迷宮のなかで、テナーが私になるための闘いに挑んでいたとき、ゲドもまた全力で闘い、世界に平和をもたらすために名なき者たちの怒りを鎮めることに必死でした。このとき彼はすでに青年期における私を探す血みどろなドラマを演じ終えた大魔法使いとして登場しています（そのドラマは第一巻『影との戦い』に描かれています）。

　テナーが、社会のなかで私となるという若者としての課題をもっていたとするなら、ゲドの場合は、おとなとして若い者たちの命を育むという課題をもっていたことになります。ですから、彼も成人期における自らの新たな私探しの課題と格闘していたのです。

　テナーがアルハから新しい自分に生まれ変わるという、困難なドラマを演じ続けることができたのは、ゲドのような相手役がいたからです。また、テナーが自らの闘いを引き受けなければ、ゲドはエレス・アクベの腕環を持ち帰ることもできなかったでしょう。二人は、相手を信頼して自分の課題に取り組むことで、お互いの力になることができました。このようなお互いの生きる力を高め合う相互的な関係のなかでこそ、新しい私が生まれことができるのです。

　このテナーとゲドの関係は、アルハとその付き人マナンの関係と比べてみ

ると、いっそう際立ちます。マナンは年老いた男性です。苦しい思いをしているアルハを前に悲しげな表情を浮かべています。彼もまた墓所に囚われた者の一人でした。そして、喰らわれし者であることの痛みをなんとか和らげてあげようとして「おお、よしよし、いい子だ、いい子だ」と彼女をあやしました。それが彼の精一杯の愛情でした。一方、ゲドもまた「いい子だ、心配はいらないよ」とテナーを励まします。しかし、それは彼女が痛みに向き合い、私になるための闘いを続けることができるように勇気づけるためでした。

アルハとマナンはお互いに弾む命を抑制し合うことによってつながりあっていました。それが墓所の秩序を支える、人と人とのつながり方だったといえるでしょう。アルハがテナーになるためには、その絆を断ち切ることが必要でした。それゆえに、マナンは、迷宮でテナーとゲドの行く手を阻もうとして、叫びもあげぬまま底なしの地獄へ落ちていかねばなりませんでした。

■ 私探しと社会

ゲドに支えられながら、テナーが迷宮から抜け出したとき、物語では凄まじい地響きが上がり、墓所は一瞬のうちに廃墟と化してしまいます。それは、アルハからテナーに生まれ変わることが、彼女一人の問題ではなく、アチュアンの墓所全体の秩序の問題でもあることを、よく表わしている場面です。

個人が経験を内的に秩序づけるそのやり方は、社会の秩序づけのしかたに対応しています。ですから、内的な秩序の更新を求める若者の「私を探すドラマ」は、個人的な問題であると同時に、社会的な問題にならざるをえないのです。実際、私を探すドラマにおいて、若者たちが自らの痛みを癒し、新しい自分を生むために、その痛みを生じさせている社会の秩序に対して積極的に働きかけていくことは、決してまれではありません。

彼らは、個人の問題を解くために、どうしても社会の問題に関わらざるをえないのです。そして、社会を構成しているおとなたちがその働きかけに応じることができるかどうか。それが若者の再生ばかりか、社会の再生をも左右することになります。なぜなら、おとなたちが生命力にあふれる若者たちを社会の新しい構成員として迎えることができなければ、早晩、その社会はアチュアンの墓所のように活力を失う他はないからです。

したがって、若者と社会、その両者の再生という問題の鍵を握っているのは、私を探すドラマにおける若者と、その相手役となるおとなとの関係だと考えられます。つまり、テナーとゲドのように、信頼に基づく相互的な関係をつくり出せるかどうかが、両者の再生の重要な条件になります。
　「アルハになるのか、テナーになるのか」。それは、若者たちの私を探すドラマの核心となる問いでした。しかし、彼らの相手役となるおとなたちもまた、その同じ舞台の上で、別の課題をもつ私を探すドラマを演じなくてはならないのだ、といえます。「マナンになるのか、ゲドになるのか」。おとなたちが真剣にそう問われる場面があるに違いありません。

6　私からの再生

蝎(さそり)の火の挿話

　社会における再生が実現したとしても、私を探す旅は終結しません。宮沢賢治の作品『銀河鉄道の夜』のなかで、一匹の蝎の再生の物語が一つの挿話として語られています。この物語は社会における再生によっても癒しがたい痛みが人間にあることを教えてくれます。たいへん短い話ですので引用することにします。

　　　むかしのバルドラの野原に一ぴきの蝎がゐて小さな虫やなんか殺してたべて生きてゐたんですって。するとある日いたちに見附かって食べられさうになったんですって。さそりは一生けん命遁(に)げて遁げたけど、たうとういたちに押へられさうになったわ、そのときいきなり前に井戸があってその中に落ちてしまったわ、もうどうしてもあがられないでさそりは溺(おぼ)れはじめたのよ。そのときさそりは斯う言ってお祈りしたといふの。
　　　あゝ、あたしはいままでにいくつものの命をとったかわからない、そしてその私がいたちにとられようとしたときはあんなに一生けん命にげた。それでもたうとうこんなになってしまった。あゝなんにもあてにならない。どうしてわたしはわたしのからだをだまっていたちに呉れてや

らなかったらう。そしたらいたちも一日生きのびたらうに。どうか神さま。私の心をごらん下さい。こんなにむなしく命をすてずどうかこの次にはまことのみんなの幸のために私のからだをおつかひ下さい。って言ったといふの。そしたらいつか蝎はじぶんのからだがまっ赤なうつくしい火になって燃えて、よるのやみを照らしてゐるのを見たって。

からだを灼く

蝎は生きていくために、小さな虫たちを殺して食べてきました。自らを生かすためには、他の命を犠牲にする他はなかったのです。そしてイタチに食べられそうになって逃げたその経験のなかで、蝎はそのような私という存在が一つの罪であることを思い知ります。蝎は私であることの痛みに思わず祈らずにいられませんでした。

では、その蝎の痛みは、どんなふうにして癒されたのでしょうか。蝎は、「まことのみんなの幸」に役立てるように、自らのからだを差し出します。そのとき、そのからだが燃え始めました。痛みを覚えるからだがその火に灼かれることによって、罪をもつ存在としての蝎は死に、癒された新しい存在へと生まれ変わったのだといえるでしょう。それゆえに蝎は自分のからだが燃えているその火をみることができたのです。

蝎の痛み

他の命の犠牲の上に自分の命が成り立っている。これは果たして蝎だけの問題でしょうか。食物連鎖という言葉で知られているように、私たち人間もまた他の生き物を食べることで生きています。しかし、人間関係の無限の連鎖である社会ということを考えると、問題はさらに複雑です。例えば、私たちの食卓にのるバナナやエビは、アジアの国々の人々の暮らしと直接に結びついています。そのことは、現在の私たちが享受している「豊かさ」がアジアを初めとする第三世界の人々の生活の犠牲の上に成り立っている、という構造が存在していることを示唆しています。そのような構造をもつ社会のなかを生きているかぎり、蝎の痛みがいつ私たちの痛みとなってもおかしくありません。

私たちの主観的な意識や心情に関わりなく、私であることが一つの罪となってしまうとしたら、そのことの痛みに私たちはさらに深く「私とは誰か？」と問い、生きていることの意味を求めざるをえないでしょう。ではその痛みはどのようにして癒されるのでしょうか。

二つの再生

　蝎が新しい存在へと生まれ変わることができたのはそのからだを灼くことによってでした。蝎の痛みは時と所に制約された存在から自由になることによって癒されたのだと考えることができます。社会的なつながりのなかを生きている私たちが蝎と同じような痛みを感じるようになった時、自分自身を「社会において特定の時と所を占めている私」から解き放すことによってその痛みが癒される。そういう可能性を蝎の物語は示しています。テナーの物語が教えてくれたのは「社会のなかで私が生まれる」という再生のドラマでした。それとは対照的に、私たちは自らの痛みに導かれて、社会のなかの私から自由になることを求められる時があるといえるでしょう。

7　私を超え、私に還る

十牛図に見る「私探し」「私からの離脱」「別の私への帰還」

　「私探しの旅」と「私から自由になる旅」の旅程をみごとに図像化したのが「十牛図」です。十牛図は、12世紀後半、北宋末に廓庵禅師によって考案され、様々な画家が絵筆を取っています。ここでは、上田閑照（1926年～）・柳田聖山（1922～2006年）著『十牛図──自己の現象学』に収められている周文筆の十牛図をみることにしましょう。図像の読解も、上田・柳田の読み方に依拠しています。十牛図は、牧人が牛を探し求める道程を十の場面に描いたものです。牛は「真の自己」を表わし、牧人は「真の自己」を求めている自己を表わしています。したがって、十牛図は、私探しの旅そのものなのです。

❶ 尋牛　牧人が牛を探しています。人がなくてはならぬものを見失っていることに気づいた状態です。「自己とは何か」という問いは立てら

図1　十牛図　廓庵禅師（北宋、12世紀後半）周文・筆

第一　尋牛　　　　第二　見跡　　　　第三　見牛

第四　得牛　　　　第五　牧牛　　　　第六　騎牛帰家

れましたが、まだ私探しの方法は定かでありません。
❷ 見跡　牧人が牛の足跡をみつけました。知識として学ぶことによって、真の自己のあり方がようやく垣間みえてきました。
❸ 見牛　ついに牛をみつけて追います。画面では牛はお尻しかみえていません。つまり、「教」の言葉へのとらわれを脱して、「行」を通して身体に真の自己を実証しかけている状態です。
❹ 得牛　牧人が綱で牛をつかまえました。牛は駆けて逃げようとし、牧人は力いっぱい綱を引っ張っています。十枚の絵のなかで最もダイナミックな動きのある絵です。私を探す自己は真の自己との緊張に満ちた統合を果たしました。しかし、張りつめた綱が表わしているように、この統合は、いつでも分裂しそうな危うさを潜めています。
❺ 牧牛　牧人は牛を飼いならしました。牛はおとなしく牧人の後についていきます。牛を引く綱が、ゆったりとたるんでいます。牛の顔がここで初めてみえています。私を探す自己と真の自己との統一に、なごみが生じた状態です。

第七　忘牛存人 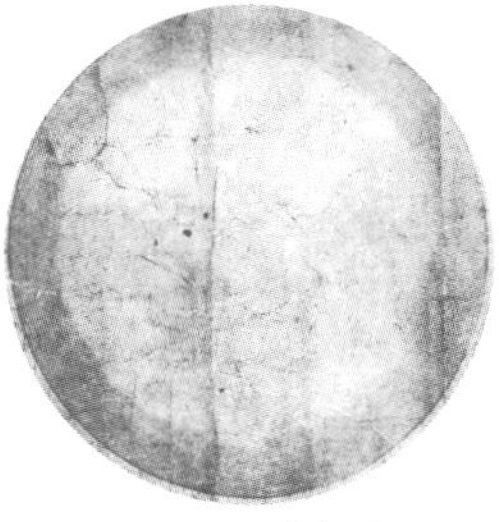　　　　第八　人牛俱忘 　　　　第九　返本還源

第十　入鄽垂手

❻ **騎牛帰家**　牧人は牛の背に乗り、横笛を吹きながら、牛に任せて家路へ向かいます。ここでは牧人と牛とは一体です。自己自身の一体性が達成されたのです。

❼ **忘牛存人**　牧人が家の庭先で、山の端に上る満月に、ひざまづいて合掌しています。牛の姿は画面から消えています。牛と一体になったからには、もはや牛という個別のものとしてみられる必要がないのです。

❽ **人牛俱忘**　第八は真に驚くべき画面です。何にもないのです。牛も人も家も月も消えてしまい、絶対の空、絶対の無だけがあります。この空なる画面は、第一から第七に至る私探しの全履歴を、絶対的に否定しています。第八の空無の画面に照らせば、第七の自己の最高の到達点も、悟りでとまった、いやらしい状態でしかありません。第八への非連続的な転換は、そこから始まる自己還滅、自己放下、自己からの離脱の道程をさし示しています。

❾ **返本還源**　「本に返り源に還る」ということですが、画面は、川の流れと岸辺の花咲く木のみです。第一から第七へ至る、自己に「なる」過程を逆に遡行して行き、分裂以前の「自己ならざる自己」、自己を超えたものへ折り返した、いわば無我の原光景が表われています。

❿ **入鄽垂手**　「鄽」は街のことです。街に入って、人に手をさし延べる、あるいはだらりと手をたれている、という意味です。画面では、俗なる

巷(ちまた)に出た牧人の若者が、ひげ面で太鼓腹の老人と、楽しそうに語り合っています。人は、ヨレヨレ、ボロボロになって、だらしない姿で、しかし生き生きと、現実の社会に帰還して他の人に手をさし延べるのです。他者との出会いと「新しい人」の誕生と別の共同性の成立が告げられています。

十牛図は、私探しの旅が、第一に、自己形成から自己解放へ折り返す往還の旅であり、第二に、私を超えながら、しかも超えっぱなしでなく、再び社会へ、他者との相互性のなかに帰還する旅であることを教えてくれます。

2
アイデンティティとライフサイクル

1 アイデンティティとは何か

「変わるもの」「変わらないもの」

「私を探す旅／私から自由になる旅」の道案内役をつとめるのは〈アイデンティティ〉という考え方です。同一性、存在証明と訳されますが、今日ではカタカナでアイデンティティと表記することが多いようです。「変化の中にあって変わらない何ものか」を表わします。

アイデンティティという言葉は、次のような多元的な地平を含んで使われてきました。(1)「私」が生の経験の全体を通して同一に保たれている事実。(2) 理性の地平でルールとして同一なもの、つまり論理的普遍性をもつ思考。(3) あらゆる思考の対象に備わるA＝Aという同一律の地平。(4) 主観と客観とが合致する認識論の地平。

同一性の問題は、神、人格、世界の存立の根拠ばかりか、人々の日常的実践から法や国家の論理に至るまで、深い関わりをもっています。少なくとも現行の法体系においては、「私」の同一性が成り立たなければ、契約も所有も権利も義務もその根拠を失うことになります。近代の国民国家も同一性の原理によって構成されています。国民、領土（国境）、主権の概念は同一律（AはAである）と排中律（AはBであるかBでないかのどちらかである。真ん中はない）によって規定されていて、そのために国民国家は、一国語・一民族・一国家に傾きやすいのです。

「変わるもの」のなかに古代ギリシアのパルメニデス（紀元前515頃〜450年頃）が「変わらないもの」の同一性を見出し、ヘラクレイトス（紀元前6〜

5世紀）がそのような同一性を否定して以来、西欧は繰り返し同一性の問いと取り組んできました。近代では、J・ロック、ヒューム、G・W・ライプニッツ、I・カント、G・W・F・ヘーゲルらが同一性の問題を論じました。なかでもT・W・アドルノ（1903〜1969年）は、統一原理と理性によってすべてを体系的に支配しようとするヘーゲルの同一性の哲学を批判して、そこからこぼれ落ちるもの、言い表し得ないもの、つまり非同一性の意識として否定弁証法を展開しました。

エリクソンの問い

哲学用語のアイデンティティを人間学の用語に転用・再定義したのは、E・H・エリクソン（1902〜1994年）です。エリクソンはアイデンティティを「今、ここで、自分という存在を確証すること」（存在証明）、「時間軸を通して変化の中にも自分が同一の存在と感じること」（同一性）、「その人に固有の〈私〉というゲシュタルト（構造化された全体。形態）」（私）として記述しています。

エリクソンは、最広義のアイデンティティを定義するものとして（1）自己自身の一貫性（sameness）と連続性（continuity）、（2）自己の中核的部分が他者や共同体に共有されることの二項をあげています。すなわち、アイデンティティには、他者との関係ややりとりの経験、他者と織りなす意味の文脈が流れ込んでいます。アイデンティティは「純粋な自己」などではあり得ず、過去に出会った無数の他者の共在態です。他者の索引の多さは、その人のアイデンティティの豊かさに関連するといえます。

しかし、内なる他者が権力的な位置を占めてアイデンティティを従属させ、縮減させるならば、アイデンティティからの離脱と新生は困難になります。もう一人の他者との出会いと相互主体化を通して、従属的な他者との結ぼれを解き、幻想的な同一視を取りまとめかつ乗り越えて、アイデンティティから離脱するとともに、未知の別の他者への自己投企（じことうき）を行なって「新しい人」を現前させること。こうしてその人を新生させると同時にその人を別の社会的なものにつないでいくこと。これがアイデンティティの機制（メカニズム）です。エリクソンの二項の簡単な定義が、次のようなアイデンティティの奥行きを垣間見

せてくれます。

　第一に、アイデンティティは、個体性と共同性が交差する場に成り立ちます。アイデンティティは個体と共同体双方に活力を与えます。

　第二に、アイデンティティは、不易性（変わらないこと）と転調（変わること）の力動的な時間に存立します。アイデンティティが形成されるとき「これこそが私だ」という感覚の訪れがあります。しかし、この「私」が固定したまま変わらないとしたら、「私」は実に窮屈な化石人間となって、アイデンティティはかえって死に向かいます。私が新しい私を見出すためには、「私が私でなくなる」ときが必要です。「私への自由」と「私からの自由」、私からの飛翔と私への着地の双方が、アイデンティティの存立に欠かせません。

アイデンティティ概念の衝迫力
　1960年代半ば、アメリカ南部の監獄には、エリクソンの『幼児期と社会』のペーパーバック版がたくさん転がっていたといわれます。公民権運動で投獄された黒人たちがこの本を熱心に読んだのです。人生のどのステージにも自律的な意味がある、そしてどんなに否定的アイデンティティを押しつけられていても、どのステージからでも自分を変え、社会を変えることができる、という論理構成が、被抑圧者たちを励ましてきました。アイデンティティ概念が衝迫力をもつのは、この概念にエリクソン自身の受苦と闘いの経験が込められているからではないでしょうか。

　エリクソンの『自伝』を繙けば、私たちはそこに簡単な記述ながら、両親の離婚と母の再婚、ユダヤ人、デンマーク人、ドイツ人、アメリカ人という多民族性の同居、またユダヤ人であることによる被差別の経験、ナチス・ドイツの支配、マッカーシーの赤狩りへの証言拒否といったいくつもの危機のシリーズを見出すことができます。エリクソンの受苦とその乗り超えは、〈アイデンティティとライフサイクル〉の理論を媒介に、今日の被抑圧者たちの受苦、闘い、自己救済に響き合っているといえます。

2　ライフサイクル

文化の中のライフサイクル

　ライフサイクル（人の一生、人生周期）は「私が他者と共に紡ぐ一生の物語」として定義できます。ライフサイクルは一人ひとり異なりますが、「他者」の窓口から人々の共有する「社会的なもの」や文化が流れ込んできます。したがって人の一生の分節の仕方は、民族、時代、文化によっても異なります。

　ヒンドゥーは人の一生を、師に学ぶ学生期、家族をつくり職業に就く家住期、家を離れるけれども家族のつながりを保ち、次の世代を導く林住期、巡礼の旅に出る遁世期の「四住期」に分かちます。『論語』「為政編」の孔子（紀元前552？〜479年）の言葉「吾れ十有五にして学に志す。三十にして立つ。四十にして惑わず。五十にして天命を知る。六十にして耳順う。七十にして心の欲するところに従いて矩を踰えず。」も、一つのライフサイクルの考え方です。

　「タルムード」『箴言』の中の「人間の年表」は、人の一生を1歳から100歳までに分節して、各年齢での生の課題を提起しています。おもなものを抜き出してみましょう。5歳＝聖書の読書、10歳＝律法の学習、13歳＝十戒（道徳）、15歳＝タルムード注解の学習、18歳＝フーパ（結婚）、20歳＝生計（職業）、30歳＝コーア（力の充実）、40歳＝理解、50歳＝助言、60歳＝長老、70歳＝白髪、80歳＝ゲブラ（新しい特別な力）、90歳＝からだが曲がる、100歳＝ほとんど死を迎える。「コーア」が、物をつくること、生産すること、働くこと、何かができることに関わる力であるのに対して、「ゲブラ」はその前後を見れば分かるように、体力にもの言わせて何かをすることではなく、おそらく、ほとりに立つ、伝える、魂、英知、判断力といったもう一つの力を表わします。

　ライフサイクルが共通に折り返しの構造をもつこと、前半が達成価値、後半が存在価値を表出していることがわかります。

エリクソンのライフサイクル論

　身体、心、社会の相互に関連する、タイムラグを伴う変化が、人生の節目

をつくり、その節目に特有の生の課題を提起します。この節目、生のステージで、呼び出される重要な他者との出会い、相互主体化によって、それまでのアイデンティティに揺らぎが生じ、潜勢力が活性化されるとともに、未知のアイデンティティが現れてきます。

　エリクソンにしたがって、人間と社会の生き延び、乗り超えに必要な転回点という意味で、節目を「危機」と呼ぶとすれば、人生の各ステージで、時代と社会の危機がアイデンティティ危機と鋭く切り結んでいることがわかります。二重の危機がうむ生の課題は、対立する心理＝社会的な項目の間の葛藤という形をとって現れます。エリクソンは、現代社会に見られる人間のライフサイクルを、８段階の心理＝社会的な危機のシリーズとして編み上げました。人間の一生は、継起的な課題との取り組み、そしてそれに伴なう他者との出会いと前の自己の乗り超えとして紡がれます。

　エリクソンが『アイデンティティとライフサイクル』のなかで提示したライフサイクル表を、ワークシートを参照しながら読んでみましょう。まずライフサイクル表を、各ステージでの重要な他者（ワークシートB欄）との相互的なやりとり、相互主体化か生むアイデンティティ危機、心理＝社会的危機（A欄）のシリーズとして読む必要があります。他者との相互性を通して、主体は課題と取り組みながら、D欄の動詞で表わされる身体図式を獲得していきます。また、他者との相互性を通して社会秩序（C欄）が主体にインプットされ、同時に主体の側からその柔らかな原型が発信されもするのです。各ステージでの課題の取り組み、心理＝社会的危機の乗り超えを通して、生の力（ヴィルトゥ、E欄）が開発されます。

　ライフサイクル（人生周期）表は、たて軸下方に向かう８つの人生の段階と、よこ軸に発生する８つの心理＝社会的危機のモードをクロスさせて、各段階ごとに現れる主要な危機ないし課題を右下がりの対角線で表わしたものです。主な危機は揺籃期（乳児期）の「信頼　対　不信」、幼児期の「自律性　対　恥・疑い」、遊戯時代の「自発性　対　罪意識」、学校時代の「勤勉　対　劣等感」、青年期の「アイデンティティ　対　自己拡散」、成人前期の「親密性　対　孤独」、成人期の「生殖性　対　停滞」、老年期の「インテグリティ（成全性）　対　絶望」です。各危機は、葛藤的な対をなして、他の

表1　ライフサイクル（人生周期）表

	1	2	3	4	5	6	7	8
I 揺籃期	信頼 対 不信				単極性 対 早発性自己分化			
II 幼児期		自律性 対 恥・疑い			両極性 対 自閉症			
III 遊戯時代			自発性 対 罪意識		役割同一視 対 幻想的諸アイデンティティ			
IV 学校時代				勤勉 対 劣等感	労働同一視 対 アイデンティティへの権利喪失			
V 青年期	時間的展望 対 展望拡散	自己確信 対 自意識過剰	役割実験 対 否定的アイデンティティ	遂行予期 対 労働不能	アイデンティティ 対 自己拡散	性的アイデンティティ 対 両性拡散	指導の成極 対 権威の拡散	イデオロギー的成極 対 理念の拡散
VI 成人前期					連帯性 対 社会的孤立	親密性 対 孤独		
VII 成人期							生殖性 対 停滞	
VIII 老年期								インテグリティ 対 絶望

すべての項目の発達と関係し合いながら、この表では、各行を上から下へと変容していきます。

それぞれの項目は、対角線上に突然現れるのでなく、前から潜勢力として潜伏していて、時機至ると、前の段階の危機が乗り超えられて開花する、と考えられます。各項目の発達は、開花後、死に至るまで続きます。また一つの項目がある段階に停滞して次の危機がいつまでも訪れない現象や、早い段階にある項目が開花する早熟の現象も、この表に書き込むことができます。

■ 揺籃期（乳児期）

ライフサイクルの第I段階については、およそ次のようなことを読むことができます。すなわち、この世に生まれた赤ん坊と母親（役）との出会いは、まず乳首（哺乳ビンであってもよい）を口に含むことから始まります。授乳、呼吸、接触など、すべての感覚面で、「受け入れること」「得ること」の最初の様式が開かれます。赤ん坊はお乳を吸うことによって、母親をまさに母親

表2　ワークシート

	A 心理社会的危機（重要な葛藤のシリーズ）	B 重要な他者（関係）	C 関連する社会秩序	D 心理社会的な身体図式	E 生の力
Ⅰ 揺籃期	信頼 対 不信	母性	宇宙秩序	得る。与える。	希望
Ⅱ 幼児期	自律性 対 恥・疑い	父性	「法と秩序」	保持する。放つ。	意志
Ⅲ 遊戯時代	自発性 対 罪意識	基礎家族	理想的祖型	学ぶ。～のようになる。	目的
Ⅳ 学校時代	勤勉 対 劣等感	近隣、学校	専門技術的要素	物を作る。一緒にする。	創造力
Ⅴ 青年期	アイデンティティ 対 自己拡散	同輩集団と外集団リーダーシップのモデル	イデオロギー的展望	自分自身になる。自分自身を共有する。	忠誠
Ⅵ 成人前期	親密性 対 孤独	友情、性、競争、協力のパートナー	協働と競争のパターン	他者の中に自己を見失い、また見出す。	愛
Ⅶ 成人期	生殖性 対 停滞	労働・家事の分担	教育思潮と伝統	～にならせる。世話をする。	世話
Ⅷ 老年期	インテグリティ 対 絶望	「人類」「同胞の」	英知	（今までの自分を通して）存在する。または非在に直面。	英知

（栗原彬『歴史とアイデンティティ──近代日本の心理＝歴史研究』新曜社、1982年）

にしていきます。その点で、赤ん坊は「得る」ばかりでなく、「与える」様式をも同時に獲得していきます。「誰かがそこにいる」という安心感、授乳、睡眠、腸の運動、その他の欲求の適切な処理、そして赤ん坊の存在は意味があるのだとおのずと語りかける母親の身体のメッセージによって、人生への基本的な「信頼」の型が生まれます。

　この最初のやりとりで、世界が自分を無視していると感じるときは、孤立、不安、ペシミズムの感覚が色濃くなって「不信」の比重が大きくなります。「信頼　対　不信」は二者択一ではありません。「信頼」がまったくなしでは乳児は生きられません。しかし、母親と乳児のやりとりに、何ほどかの「不信」は不可避です。乳児は、ある程度の信頼とある程度の不信とを併せもって、どこかで折り合いをつけるのです。この信頼の危機と特別の関係をもつ社会秩序は宗教（宇宙秩序）です。

　この関係は二重であって、第一に、人は乳児期に形成された信・不信の基

本形のヴァリエーションを宗教秩序にもち込み、また、第二に、人は乳児期に、母親を媒体としながら、社会のなかの宗教的なもの、超越的なものによって信・不信の形を与えられます。結局、この時期に基盤が形成されて、生涯にわたって人が生きることを鼓舞する活力は「希望」といえます。

■ 幼児期

初期の信頼と希望の発達の上に、第Ⅱ段階＝幼児期の自律性をめぐる闘いが始まります。ここでの基本的な身体図式は、排泄時の括約筋の「保つ」と「放つ」です。社会の「法と秩序」を体現した父親役のおとなと幼児との間に、しつけと自由意志との葛藤が生じます。自分で自分の身体をコントロールすることができ、「自分の足で立とう」とする幼児の願いをおとなが援護するとき、自律性の原型が生まれます。親の過剰な統制とそれに伴う自分の身体調整の無能感や自己統制の喪失感から、恥と自分自身への疑いの感覚が形成されます。

■ 遊戯時代

第Ⅲ段階の遊戯時代には、子どもは自分の足で活発に動き回るようになります。自分の足で歩いていき、自分の手で何かを得て「ものにする」「思いを遂げる」ことを身につけます。それは家族の全メンバーとのゲームとして行なわれます。目標を選択し、それに積極的に近づくことをめぐって、そしてまたその行動の禁止やタブーをめぐって、「自発性　対　罪意識」の葛藤が生じます。

■ 学校時代

第Ⅳ段階である学校時代には、子どもは活動の範囲を学校や近隣や地域に広げ、情報環境にも包まれます。何かを夢中になってやること、物をつくること、生産的になることが、この段階での中心的な課題になります。勤勉と生産性の感覚の対極が、劣等感や不全感であることはいうまでもありません。

■青年期

　第Ⅴ段階の青年期、および引き延ばされた青年期において、人はアイデンティティをめぐる問いに集中的に取り組みます。青年期は、「もう子どもではない」けれども、「いまだおとなではない」境界の時期で、青年は働いて生活費を稼いだり、税金を納めるといった、おとなに要求される社会的責任や義務を免れているために、モラトリアム（猶予期間）とよばれます。モラトリアムの間に、青年は、自分の好きなことに打ち込んだり、勉学に没頭したり、遊びを楽しんだり、特定の技能を磨いたりしながら、本当に自分のものといえるアイデンティティの探究に向かいます。青年は、今までの人生と予感する未来の希望とから、生の存在証明を得ようとします。また、自分のなかに見取ったものと他人や社会が自分に期待しているものとの間につながりを見出し、あるいは断絶を確認しようとします。

■成人前期

　第Ⅵ段階の成人前期では、適切なアイデンティティの感覚の形成の上に、異性との関係を中心とする、他者との親密さおよび隔りが、解くべき課題となります。愛は「他者のなかに自己を見失い、また見出す」経験を伴います。また若いおとなは、職業について制度としてのモラトリアムを卒業しても、内面に青年の価値意識とおとなの価値意識を二重として抱えていくことがあります。

■成人期

　第Ⅶ段階の成人期には、労働や家事を分担することと、子どもや次の世代を育てることが主な活動になります。エリクソンは、この時期の心理＝社会的な危機を、「生殖性　対　停滞」として定式化しています。「生殖性」（generativity）とは、子を産み、育てることを原型として、次の世代を育てること、弱者・病者・高齢者を世話することをも意味します。この時期の生の力が、生産性（productivity）でなくて、「世話」（care）という概念に取りまとめられていることに注目しておきましょう。

■ 老年期

　第Ⅷ段階、老年期に、老いと死が人生の射程に入ってくることはいうまでもありません。悟りに達するなどということではなくて、何者でもないものとしての自分を全き状態として肯定的に受け入れるか否かが最後の課題となります。

ライフサイクル表から読み取れること

❶　ライフサイクルの全体が達成価値から存在価値への折り返しの構造をもち、各ステージでも「アイデンティティへの自由」と「アイデンティティからの自由」がせめぎ合っていること。

❷　ライフサイクル表は、解かなければならない他者との重い結ぼれと同時に、幼児期決定論をつき破る未踏の他者への自己投企、その意味での未来展望を内包していること。

❸　人生のどのステージにも、それぞれの〈ヴァイタル・インヴォルヴメント〉(生き生きした関わり)があり、自律的な意味があること。

❹　ライフサイクル表の第Ⅶステージ、成人期の〈生の力〉が「生産」でなく「ケア(世話)」と措定されていることは、近代に支配的な達成価値、生産価値への批判を意味すること。

❺　各ステージでの他者との相互主体化が開く〈生き生きとした参加的世界〉を光源に、人種、家族、国家、宗教など、人間を縮減する〈擬似種族〉と名づけられた生権力のエージェントへの批判が引き出されること。

　エリクソンのライフサイクル表は、「私を探す旅／私から自由になる旅」に、こよなき海図(チャート)を提供してくれます。しかし、この表は私たちの旅の道標にすぎません。ましてこの表を従うべき規範と考えて、ここからはずれる人生を正常でないとすることは、大きな誤りです。私たち一人ひとりが、試行錯誤しながら、自分のライフサイクル表を描き、また繰り返し描き直していくしかないのですから。

3
社会的アイデンティティ

1 ジェンダー・アイデンティティ

〈性〉という謎

　人は、男として、女として、振る舞い、着飾り、話し、恋をし、食事をし、排泄し、笑い、泣き、悩み、交わり、眠ります。
　このような日々の営みは「常識」「当たり前」「正常」のように思えるかもしれません。しかし「なぜ僕は逞しくなくてはならないの？」「なぜ育児や介護などは圧倒的に女性がしているのだろう？」「なぜ異性を好きにはなれず、同性を好きになるのだろう？」などの疑問をふと感じた時、〈性〉をめぐる常識的な知識や観念がまさに「常識」として受け入れられていること自体が、「巨大な謎」のように思えてきます。こうした〈性〉をめぐる「巨大な謎」に最も果敢に挑戦し、新たな地平を切り開いてきたのがフェミニズムです。
　フェミニズムによって提起され、性をめぐる議論に大きなパラダイム転換をもたらした概念が「ジェンダー」(gender) です。一般的に、「セックス」(sex) は「生物学的性別」、「ジェンダー」は「社会的文化的性別」をさし示す概念として定着しています。このジェンダーの概念によって、フェミニズムは性差を「生物学的宿命」から切り離し、性差が社会的・文化的・歴史的に作り出され続けているものであることを明示しました。

ジェンダー・アイデンティティ

　ジェンダーによって規定されるアイデンティティはセックスとは独立して

形成されます＊。セックスとジェンダーとは切断されたものであり、さらにジェンダーによって「男／女」に人間を分割する境界設定（セックス）も遂行されています。つまり「男／女」という差異化の実践そのものこそジェンダーによって可能になっているのです。

　セックスの差異化にも関わっているジェンダー・アイデンティティの変更は容易ではありません。しかし私たちのアイデンティティはジェンダーに呪縛されるしかないのでしょうか。離脱と解放の戦略を考えてみましょう。

　たとえば、現在では大きく変わりましたが、「男は仕事、女は家庭」という性別役割分業の観念があります。それに対して、ある人たちは「男性が育児を積極的にしたり、女性が狩りなどをして食料を捕獲する社会がある」と指摘します。こうした「相対化」の指摘はとても重要ですが、その一方で「そうか、男女の性役割は普遍的なものではなく、時代や場所が変われば変わりうるのだ。私たちは〈性〉から自由になれるのだ！」と確信したとしても、自らのジェンダー・アイデンティティから完全に自由になるのは困難です。私たちは「自らが〈性〉に呪縛されていること」を「知った」としても、「〈性〉から完全に自由になること」は困難なのです。しかしそのような〈性〉をめぐる「知」を獲得することで、私たちのアイデンティティが「別様でもあり得ること」、つまりは「アイデンティティからの自由」の可能性に開かれていることを実感することはできます。そのなかでどのように生きるかが問われているのです。

2　エスニック・アイデンティティ

エスニック・アイデンティティの機制

　一般的にエスニシティ（ethnicity）とは民族、民族性、民族特性などと訳されますが、その意味は文脈によって異なります。民族的所属・帰属を意味することが多いでしょう。人種（race）との対比で用いられる時には、言語や宗教やその他の文化的要因によって区別／差異化されている集団を指すことになります。また、現代社会においてはエスニック・マイノリティの問題が様々な形で現れており、その一つに支配的な文化に対して価値の低い文

化・少数派マイノリティの文化とされた人々のエスニック・アイデンティティがあるといえるでしょう。

たとえば、在日韓国・朝鮮人のアイデンティティ、アイヌのアイデンティティ、沖縄のアイデンティティ、移民のアイデンティティ、外国人労働者のアイデンティティなど、現在の日本社会に限定しても、実に様々なエスニック・マイノリティの人々のアイデンティティを挙げることができます。

ジェンダー・アイデンティティにしても、そしてエスニック・アイデンティティにしても、「誰が、何に（誰に）対して、誰を、何に、いかにしてアイデンティファイしているのか？」という問いを抜きにして語ることはできません。差別の発生の磁場においてこの問いを抜きにして「アイデンティティ論」一般として語ることは大変危ういことになります。アイデンティファイする権力を誰がどのように行使するのか。私が何者であるのかを決定するのは誰か。私をあるカテゴリーに位置づけたのは誰（何）か。エスニック・アイデンティティの問題をこのように問い直してみましょう。

たとえば、李静和の『つぶやきの政治思想』（青土社、1998年）にこのような表現があります。「慰安婦」ハルモニたちの語りを、完全に完結した物語・証言としてしまう時に立ち現れる問題を以下のように語っています。

> 網に引っかかってくるものと、網から抜け出してくるリアリティ。網に引っかかってくるもの、つまり社会が要求する必要に応じたもの。そこから抜け出していくもの、つまりリアリティ。抜け出していく、網からずるずるっと抜け出していくリアリティ、それは、言い換えれば、まだ語れない、語ることのできない、あるいは語ってしまった場合生きていくことができなくなってしまうもの。私はこうやって生きてきたのよ、私はこういうふうに生きているのよという自分のからだのなかでの正当性の根拠を失う可能性のある部分は、話せない、語れない。語ってしまった場合、生きること自体がなくなってしまう、失われてしまう。これが網から抜けていく、リアリティとの風景というか姿。

---

* ジュディス・バトラーは、「ジェンダーとはセックスそのものが確立される生産の装置」であると指摘する。

そうであるがゆえに、エスニック・マイノリティの人たちのアイデンティティは、「社会が要求する必要に応じたもの」とは異なるような、「網から抜け出してくるリアリティ」を感受しつつ形成されるために、自らのアイデンティティを語ることは困難／不可能となることがあります。だから、それは、時として、「語れない、語ることのできない、あるいは語ってしまった場合生きていくことができなくなってしまうもの」となることがあるのです。それゆえ、私たちが聴くべきは、当事者の自らの発話行為を通じた「語り」だけではなく、肉体＝身体を通じた「声」となるのです。

語りは次のように続きます。

　　ひとは、生きようとするときに、自分の観念や身体にどのようにはたらきかけているかということを考えた場合、意味づけの問題において、生きる上で、ほのめかす、ということもありうる。しかし、あえて言わない、というか言わないままに生きてこられた、あるいは言わないままに今現に生き続けているということがある。ということは逆にいえば、ある出来事、あることは、生きる本人には秘密として存在しなければならないということ、それがイコール生き続けることができることとつながる。ここが、語ることと語れないこととの、ぎりぎりのところ。

抑圧される／抵抗のためのアイデンティティ

このような自らのアイデンティティの語り難さ・語り得なさの只中における抑圧や、あるいはそうした差別や抑圧に対する抵抗の運動によって、自らのアイデンティティが作り出されていくことがあります。日本でのエスニック・アイデンティティとは「日本人」の意識にあわせた他称で自らを呼ぶことを余儀なくされた只中での同一化なのです。そういう意味で「同一性の障害(トラブル)」（ジャック・デリダ／1930～2004年）、「同一性を害うような同一性(アイデンティティ)」（エドワード・サイード／1935～2003年）の状態に常にさらされています。

私たちのアイデンティティが他者の承認によって可能になるとすれば、エ

スニック・アイデンティティをもつことはそのことを自他ともに認めることであり、またそれが「日本人」というアイデンティティを強化・補完することになる結果、権力構造を温存・再生産する共犯関係へと結実してしまうことにもなります。このように、アイデンティティを剥奪されてきた／否定されてきた他者が自らのエスニック・アイデンティティを獲得しようとする時、アイデンティティの回復の運動が、逆に「日本人／エスニック・マイノリティ」という境界設定の実践そのものを強化・固定してしまうという「落とし穴」があるのです。さらには、マイノリティが自らを「マイノリティ」として語る時、マイノリティどうしの差異が隠蔽・抹消されてしまうことがあります。

　以上をふまえた上で、ガヤトリ・スピヴァック（1942年〜）は、このように簒奪されてきた自らのアイデンティティの語り難さ・語り得なさからの解放の契機として「戦略的本質主義」（アイデンティティの構築性を認識しつつ、目的に応じて戦略的に本質主義を採用するという思想技法）の実践を論じています。そして、その上で、「わたしにとって、「誰が語るべきか」という問いは「誰が聞くか」というものより重要性は少ないのです」と語り、アイデンティティを引き受けつつ、〈私〉自身のために〈私（たち）〉に対して語り難さ・語り得なさを語ることこそが「反差別」の隘路から抜け出る方法の一つであることをさし示しています。

4
アイデンティティ・ゲーム

1　アイデンティティの政治

存在証明の方法

　石川准が『アイデンティティ・ゲーム』で言及したように、私たちは価値あるアイデンティティを獲得し、負のアイデンティティを返上しようとして、あれこれの方法を駆使して日々"痛ましい"ほどの努力をしています。石川が論じるように、存在証明が突出するのは被差別者においてであり、差別は人々から存在価値を剥奪するゆえに（否定されたアイデンティティの修復を要求して）より一層、存在証明に呪縛されることになります。ここに差別の要諦（ようてい）があります。

　彼は存在証明の方法を四つ挙げます。第一の方法は、〈印象操作〉です。価値のないアイデンティティと裁定されてしまう情報を隠蔽したり、誤魔化したりして何とかやり過ごしたりする、こうした実践をアービング・ゴッフマン（1922～1982年）は「パッシング」（passing）と呼びます。それは他者からスティグマ化されるようなシンボルを不可視化させたり、そのシンボルの否定性を代償・補償するステイタス・シンボルの獲得を目指す実践で、「隠蔽工作」（covering）を絶えずくり返す方法です。さらには、スティグマを付与された役割から自己が距離を図り、「本当の自分は別だ！」と自認して、否定的な価値づけを回避したりします。ゴッフマンの言う「役割距離」です。ただ、この〈印象操作〉という方法は、結局のところ、隠したり繕うことによって内心ますます隠したり自分を嫌悪することになり、内面における「自分は○○だ」というアイデンティティは強化されることになります。

第二の方法は、社会的威信の高い集団への帰属を達成したり、能力・資格を獲得することで「価値ある」アイデンティティを代償・補償するといった〈名誉挽回〉です。しかしながら、このような努力によって実現できることは、いわば存在証明の差引勘定をわずかにプラスにさせることだけです。したがって、この「彼／彼女は〇〇にしては、〜だ」という形式の評価では自らの負のアイデンティティは解消されることはないため、その人は永遠に血の惨むような努力を続けるしかなく、さらなる存在証明へと駆動されることになります。

　第三の方法は、〈価値の取り戻し〉です。例えば、ゲイ・レズビアンの当事者運動の中で叫ばれ"Gay is the way"などの言葉に象徴されるところです。つまり社会の支配的価値を作り替えることによって、これまで否定的に評価されてきた自らの社会的アイデンティティを肯定的なものへと反転させることで自分の価値を取り戻す方法です。しかしながら、この「価値の取り戻し」は、それまでの価値体系を根本から組み替えていくため、自らの心のうちの苦悩・葛藤は幾重にも深いものになります。また同時に、自らの大胆な「価値の取り戻し」は、それまで順調に存在証明を達成してきた他者のアイデンティティをひどく脅かすことになるため、他者からの強い反発や拒絶や抑圧を受けることになります。言い換えれば、「価値の取り戻し」はこのような「アイデンティティをめぐる闘争」を召喚してしまうことになるのです。さらには、先述の例のように「価値の取り戻し」をすることによって、自らを「同性愛者」というタームによってアイデンティファイすることに一層駆りたてられることにもなります。

　最後の方法は〈他者の価値剝奪〉です。「あいつは〇〇だ！」（あいつよりはマシだ）といったように、自らの存在証明のために他者の価値を貶めていく実践です。自らに価値を結びつけるのではなく、他者から価値を剥奪することによって存在証明を達成する方法であるともいえます。このようにスティグマ化された人々によるスティグマ化の実践は"泥沼のアイデンティティ・ポリティックス"の相剋となるでしょう。この実践は「この私」の価値を証明したわけではないため、その他者の価値剥奪が隠蔽されつつ、絶えず遂行されていくことになります。

高齢者のアイデンティティ

　私たちは以上のようなアイデンティティ・ゲームを日々営んでいます。以下では、私たちの社会において輻輳（ふくそう）したアイデンティティ・ゲームを強いられている高齢者の存在証明を見てみましょう。

　私たちの社会において〈老い〉や〈老い衰えゆくこと〉はあまりにも安易に言語化してしまっている一方で、〈老い〉や〈老い衰えゆくこと〉の意味は「空白」の状態にあるといえます。

　現代社会においては、高齢者は自らの老いゆくことやそれまでの人生を自問・再認するように煽（あお）られつつも、その根拠となる「老いの意味」を求めることは極めて困難になっているという逆説的状況にあります。なぜなら、かつての「老い」の像を自明視して「老いの意味」を語ることは不可能であるからです。また、現代社会における高齢者は心身の状態やライフスタイルなどにおいて極めて多様であるがゆえに、「一枚岩」的に語ることができない状況にあることも事実です。

　かつてE・H・エリクソンは人生過程において「私とは何者か」と自問する時期が2回あるとし、それがアイデンティティの獲得を目指す青年期と、近い将来に死を感受しながら、これまでの人生の軌跡を回顧しつつ、私とは何であったのかを遡及的に意味づけることによってアイデンティティを統合・再構成してゆく老年期であることを指摘しました。そして現代社会では自明視されてきた規範のゆらぎから両時期ともに「モラトリアム」とならざるを得ません。「青年期」と「老年期」のアイデンティファイは一層困難化しているのです。

　高齢社会におけるエイジングの背景には、戦争などによる死が現実的になくなり、自らの生命（生涯）がその主体である個人のものとなったこと、「人生80年時代」という生存期間の延長とその予測可能性の拡大、あるいは、かつては自明化されていた自己や自らの人生に対する意味の根拠となる社会的に共有されていた規範に準拠して、アイデンティファイすることが困難化していることなどがあります。

　こうした「寄る辺なさ」によって、高齢者はサークル活動やボランティア

活動に自分の居場所を見出し、あるいは「自分史」ブームに如実に表れているように、過去に統合された物語を見出すことによって現在の自己の存在を何とか確証しようと努めることとなります。加えて、老後に適応するためには「老人にならないこと」という不可能な背理によって、現代の高齢者はなおさら自ら存在証明へと煽られてしまうことにもなります。それだけ現在において〈老いゆくこと〉や〈老い衰えゆくこと〉は"しんどい"ことなのです。

〈老い衰えゆくこと〉の困難

こうした絶えざる・寄る辺なき〈老い〉の存在証明へと駆動された高齢者の自己は、その帰結として、自己内部に〈他者〉を発見してしまい、またさらに自己外部にも〈他者〉を発見／創出することになります。

例えば、「自立した主体的高齢者であることが望ましい」という規範が徹底化された事態を仮定して説明してみましょう。いわば、かつての高齢者像の呪縛からの解放を謳うような「自立した主体的高齢者」像を称揚するあまり、新たな「否定性」が生まれてしまう可能性があります。

まず、高齢者である「私」は「自立した主体的高齢者であることが望ましい」という規範に従おうとすることよって逆に「私」の中に自立した主体的高齢者ではない部分、すなわち"あってはならないもの"＝私の内部の〈他者〉を「発見」してしまうことになります。そのため、不断の"血の惨むような努力"によって"あってはならないもの"を隠蔽し、可能な限り「自立した主体的高齢者」であろうと懸命になります。最終的に他者による介護によって生きる状態になると、絶望的な状況として当事者には受け取られてしまうことになります。

さらには、こうした自己内部の〈他者〉の「発見」とパラレルな形で、他者の中にある"あってはならないもの"に不快を感じ、その他者を消去／排除しようと躍起になってしまいます。その上、「私」は現前の"あってはならないもの"をもつ他者を批判／非難するだけではなく、それまでそう名づけられもしなかった人々の内部にことさら"あってはならないもの"を「発見」し、新たなる〈他者〉を創出しようとするのです。

このような視点からすれば、例えば「認知症高齢者」は新たに発見／創出された〈他者〉という側面をもつのです。私たちのアイデンティティの政治はこのようにして日々の営みの中において巧妙に隠蔽されつつ、常に作動しているのです。

2　私が私であること／私から自由になること

ポジションを引き受ける

　こうしたアイデンティティの政治の陥穽に対して、石川准は『見えないものと見えるもの』（医学書院、2003年）の中で「アイデンティティを立ち上げずにポジションを引き受ける」という斬新な視点を提示しています。彼は、私たちの社会において何者であるかを押し付けられる時、つまりは「X」と名づけられる時、私たちが採用することができる戦略は以下の三つであると指摘します。第一には、Xという名づけに込められた、欠損・無能力・劣位性などの意味の押しつけを拒みつつ、Xと名乗る戦略があります。第二には、Xという名づけに込められた、欠損・無能力・劣位性などの意味の押しつけを拒んで、新たにAと名乗る戦略です。第三には、Xという名づけを拒んでAと名乗ったが、再びXと名乗り、Xという名づけに込められた、欠損・無能力・劣位性などの意味の押しつけを拒む戦略です。

　そして、以上の三つの戦略は、α「アイデンティティを立ち上げる」戦略と、β「アイデンティティを立ち上げず、ポジションを引き受ける」戦略の二つの方法があることが示されています。つまり、三×二の六種類の戦略があることになります。

　先述したように、スピヴァックは「戦略的本質主義」において、抑圧からの解放の契機として、あえて本質主義的に自らのアイデンティティを立ち上げていくことの戦略性を指摘しました。これは同時にそのアイデンティティへの呪縛であり、同じマイノリティ間の差異の隠蔽／抹消であり、アイデンティティの政治の権力構造の温存・再生産へと嵌（はま）り込んでいく陥穽であることを意味します。それに対して、石川が個人的にコミットメントする「アイデンティティを立ち上げず、ポジションを引き受ける」戦略は、こうした陥

窮へと陥らず、さりとて自らの抵抗を表明することは可能にします。また、諸個人の差異を大切にすると同時に、これまでの支配的な価値体系をズラし、攪乱させていくことも可能にするかもしれません。

往還するアイデンティティ

「アイデンティティへの自由」と「アイデンティティからの自由」。私たちはその両方のベクトルを往還しつつ生きています。あるいは、「アイデンティティへの自由」へと必死にもがき苦しむうちに、いつの間にか「アイデンティティからの自由」を感受することもあります。あるいは、「アイデンティティからの自由」を志向しながら、回り回って再び「アイデンティティ」を強烈に立ち上げることになっていたりします。その意味で、やはり「アイデンティティへの自由」と「アイデンティティからの自由」は同じ根をもつものであるともいえます。私たちは日常的に行っているやりとりに本質的に孕んでいる他者との出会いを通じて自らでは意のままにならない——自らでは 統制(コントロール) できない——自分の中の「私ならざるもの＝〈他者性〉」を発見していく只中で、「アイデンティティへの自由」が可能になったり、「アイデンティティからの自由」が可能になったりします。そして、その私のなかの「私ならざるもの＝〈他者性〉」こそが逆説的に〈私〉という存在を構成しているのです。その意味で、「私を探す旅」（アイデンティティへの自由）と「私から自由になる旅」（アイデンティティからの自由）はじつはメビウスの輪のように円環的に接続されており、いずれにしても自らの〈他者性〉を、あるいは他者の〈他者性〉を感受する時に立ち上がってくるものであるといえるでしょう。ここに私たち「人間」の存立の条件があるのです。

「アイデンティティへの自由」と「アイデンティティからの自由」の力学的機制

最後に、この章のしめくくりかつ応用問題として、差別の状況からどのように離脱するかを、「アイデンティティへの自由」と「アイデンティティからの自由」の交差・交替・再問という視点から考えてみましょう。

まず、社会のなかで支配的な、その意味での多数派が価値剥奪的な差別的

な集合的アイデンティティをマイノリティ（少数派）にはりつけます。その際、多数派は多く匿名のままに自らの集合的アイデンティティを強化します。一方、マイノリティは強いられたアイデンティティをめぐって、過剰同調、拒否、抵抗、ずらし、匿名化、否定的アイデンティティの引き受け直し、別のアイデンティティの立ち上げ等、生きのびるために、すでに見たような戦略を展開するでしょう。ここに早くも「アイデンティティからの自由」と「アイデンティティへの自由」が目まぐるしく交錯し、交替する場が開かれます。

　わけても今日では、表向きは差別なんかしてないよと言いながら構造的な差別があるという場合が多いのですから、見えない差別を可視化するために「アイデンティティへの自由」が必要になる局面があります。その場合に、アイデンティティの立ち上げが、かえって差別を固定化するリスクを招くという点についても、すでに検討した通りです。そこで、あえてマイノリティ・アイデンティティを立ち上げないで、社会的なものを少し変えることで自分はそのままで変わらなくてよい位置に立つ戦略をとることもできます。たとえば障害をもつ人が無理して非障害者の基準に合うように自分を変えようとするのではなく、障害という属性は社会が生み出すものだと考えるならば、その障害を生み出している社会のルールやデザインの方を少し変更することによって、つまり「アイデンティティからの自由」によって障害の不都合と「障害者」というアイデンティティを取り除くことができます。

　しかし、現実に「社会のルールやデザインを変更する」ためには、その根拠を提供する障害者差別禁止法、人権擁護法、人身売買禁止法、男女共同参画社会基本法のような、共生社会の構築を促進する総合的施策を定め、それを実施する責任を国に負わせる法が必ずや必要となるでしょう。法制化をめぐって、再び公的に「アイデンティティへの自由」が呼び出されます。たとえば、男女共同参画社会基本法（1999年施行）は、(1) 男女の個人としての人権の尊重、(2) 性別役割分担を反映した現在の制度や慣行の中立化、(3) 政策決定を男女が協同して行なうことを目標に、男女間の格差を改善するために、女性が参画する機会を積極的に提供する「積極的改善措置」を取ることを促しています。公的機関や選挙候補者名簿で、同一の性、民族で一定の

割合以上を独占させないクオータ制（割当制）も、当然のことながら女性のアイデンティティ、民族のアイデンティティに言及しないわけにいきません。

　さらにまた、差別の状況を解除するためには、当事者が誰かを問い直す必要があります。差別の被害者だけが当事者なのではなく、差別をする加害者の方もまた当事者なのだということに思い至るべきです。すなわち、私たちはマイノリティを名指し、排除することをやめると同時に、「健常者」「日本人」「男性」といった多数派のアイデンティティから自由になって、自分も差別の加害者であり、被害者でもあるという当事者のアイデンティティへ踏み出し、もう一方の当事者と協同して社会のルール、デザイン、制度、装置を変えることで、共に差別構造から離脱することを目ざすべきではないでしょうか。

▶▶▶ **参考文献**

石川准『アイデンティティ・ゲーム』新評社、1992年。
上田閑照・柳田聖山『十牛図——自己の現象学』筑摩書房、1992年。
上野千鶴子『差異の政治学』岩波書店、2002年。
エリクソン、E・H（仁科弥生訳）『幼児期と社会』1・2、みすず書房、1977～1980年。
エリクソン、E・H＋J・M・エリクソン（村瀬孝雄・近藤邦夫訳）『ライフサイクル、その完結〈増補版〉』みすず書房、2001年。
奥村隆『他者といる技法——コミュニケーションの社会学』日本評論社、1998年。
加藤秀一『性現象論——差異とセクシュアリティの社会学』勁草書房、1998年。
河合隼雄『コンプレックス』岩波新書、1971年。
河合隼雄『大人になることのむずかしさ』岩波現代文庫、2014年。
北山修『共視論——母子像の心理学』講談社、2005年。
ル＝グウィン、U・K（清水真砂子訳）『こわれた腕環——ゲド戦記 II』岩波書店、1976年。
栗原彬『やさしさのゆくえ＝現代青年論』筑摩書房、1981年。
栗原彬『「存在の現れ」の政治——水俣病という思想』以文社、2005年。
ゴッフマン、アービング（石黒毅訳）『スティグマの社会学』せりか書房、1970年。
浜田寿美男『発達心理学——再考のための序説』ミネルヴァ書房、1993年。
宮沢賢治「銀河鉄道の夜」『宮沢賢治全集7』ちくま文庫、1985年。

II 働く

II

1
働くことのイメージ

1　労働観はいつでも同じか？

職業をもつこと

　今日の社会では誰でもある一定の期間を学校で過ごすと、社会に入っていきます。社会に入るとは、企業のオフィスや工場、学校その他、なんらかの地位を職場にみつけて働くことにほかなりません。これは自明なことですが近頃では変化が生じています。若い人たちでフリーターあるいはニートとよばれ高校や大学を卒業しても定職に就かない、就いても短期間でやめてしまう人が増大しているのです。これには複雑な背景とたくさんの要因がありますが、若い人たちを対象とした仕事観についての調査のなかで、「一つの仕事にとどまらずいろいろ経験したい」「自分に合わない仕事ならしたくない」と答える人の割合が高くなっていることも関係しているようにみえます。

　働くとは企業のオフィスや工場に入り、就業時間や就業規則に従って働くことですが、その時間内には割り当てられた仕事をすることになり、自分の好きなことができるわけではありません。好きなことでもしたいことでもないことをするのが、額に汗してパンを稼ぐという意味でした。実際の仕事がそのようであるかどうかは別として、いま高校や大学にいる若い人たちが働くことについて持っているイメージはこのようでしょう。

　働くことを対象とする労働経済学では、労働を「非効用」であるといういい方をします。ある仕事を前にして人が働くか働かないかを選択するのは、それぞれの人なりに働くことにより得られるメリットと被るデメリットを比較し、計算しその結果によってきめるというのです。働くことにより得られ

るメリットは収入・お金ですが、それだけではありません。今日の社会は複雑に専門化しているため、職場で働くことはその遂行に必要な知識や技能を身につけること、職業能力を高めることですし、また働き、社会に役立っているという生き甲斐や誇りを持つことができます。逆にデメリットはなにかというと、職場の就業時間と就業規則に従わなければならないのですから、自分の意のままになる自由時間を失います。家事や子育ての時間もなくなることになります。

　ある仕事のチャンスがあって時間あたりの賃金と、週なり月なりの労働時間が示されればそれぞれの人なりの好みや考え方に従ってメリットとデメリットは計算できます。すべては効用という一つの尺度上におかれ評価されるのです。若い人たちの場合、その仕事が自分に合うかどうか重視することにみられるように、仕事のデメリットに過敏になっているのかもしれません。

2　労働観の変化

近代以前の労働観

　確かに働くかどうか、ある仕事をひきうけるかどうかについて私たちは多かれ少なかれこのような計算をします。しかし、これは歴史の中でいつの時代でもみられたことなのでしょうか。歴史を少しさかのぼってみると私たちは異なる事例を目にすることになります。

　16世紀の人であるフランソワ・ラブレー（1494頃～1553年頃）は『ガルガンチュア物語』のなかで、「何が無駄になると申して、時刻を数えることくらい、本当の時間の浪費になるものはない……また、この世で何が一番阿呆だと申して、良識や悟性の言いつけに従わずに、鐘の音を頼りに、我が身を取り締まることくらい阿呆なことはない」とガルガンチュアに語らせています。自分なりの適度ということさえ考えて仕事をするならそれでいいというわけですが、おそらく16世紀の一般の人々の労働に対する態度はこのようであったのでしょう。

　もっと現代の私たちに近いところでは、19世紀末から20世紀初めに活躍したドイツの社会学者のマックス・ウェーバー（1864～1920年）が『プロテス

タンティズムの倫理と資本主義の精神』で興味深い例を挙げています。経済の動きをみているといつでも同じというわけではなく、ある時期には工場に短期に大量の製品の注文が入ることがあります。農

表1　農作物収穫の予想と実績

	単位あたり賃金	仕事量	賃金
従来の場合	1マルク	2.5エーカー	2.5マルク
農場主の期待	1.25マルク	3エーカー	3.75マルク
実際の結果	1.25マルク	2エーカー	2.5マルク

（ウェーバー前掲書から筆者が作成）

業においても農作物の収穫の時期にはごく短期間に多くの人手を投入することが必要です。このような場合に企業家あるいは農場経営者がふつう採用する方法は、単位時間あたりの労働賃金を引き上げ、出来高制にすることです。単位時間あたりの賃金を引き上げればそれに刺激されて働く人々の労働意欲は高まり、短期間に大量の仕事をこなすこともできるのです。ところが19世紀末にウェーバーがエルベ川以東の地域（現在はポーランド領になっている）の農場でみたポーランド人労働者のもとではこの方法は有効ではありませんでした。表1は従来の賃金率と作業量、割増賃金と農場主が期待した労働量、そしてそれを実施したときの結果を示したものです。農業主は一日あたりの賃金を0.25マルク引き上げ、労働者が3エーカー働くことを期待しました。しかし、表が示しているように、19世紀末のポーランド人労働者たちの関心は、たくさん働いてより多くの報酬を手にすることにはなくて、従来と同じ報酬を得るにはどれだけ働けばよいかという計算だけであったのです。

伝統主義の突破

　ウェーバーが観察したカトリックのポーランド人労働者と16世紀のラブレーの作品中の人物の言葉は、労働に対する態度としては共通しています。ウェーバーはこの態度を「伝統主義」とよびました。近代の資本主義が発展しようとしたときヨーロッパの内部でもあるいはその外部でも、頑強に抵抗したのは近代以前の世界にあまねくみられたこの伝統主義であったというのです。近代資本主義の発展のためには伝統主義の突破が必要でした。

　この突破はどのようにしてなされたのでしょうか。ウェーバーの説明をもうすこし聞いてみましょう。宗教改革のときのジャン・カルヴァンの教えが

図1　イカロスの墜落（ブリューゲル画）

Bruxelle, *La chute d'Icare*, Musées royaux des Beaux-Arts de Belgique.

「プロテスタンティズムの倫理」を生みだし、この宗教倫理は時間の経過のなかで「資本主義の精神」に変化していったというのです。「資本主義の精神」についてはウェーバーはベンジャミン・フランクリン（1706～1790年）の言葉を引用しています。

　「時間が貨幣だということを忘れてはいけない。一日の労働で10シリング儲けられるのに、外出したり、室内で怠けて半日を過ごすとすれば、娯楽や怠惰のためにはたとえ6ペンスしか支払っていないとしても、それを勘定にいれるだけではいけない。ほんとうは、そのほかに5シリングの貨幣を支払っているか、むしろ捨てているのだ」といい、また「信用は貨幣だということを忘れてはいけない」、「貨幣は繁殖し子を生むものだということを忘れてはいけない」。これらの言葉にうかがわれる考え方ないし生活態度は、18世紀初めのアメリカのマサチューセッツなどの地方で、企業家だけでなく労働者から職人、農民にいたるまですべての住民に共有されていました。

資本主義の精神

　注意していただきたいのは、フランクリンの考え方が、人の世の享楽を遠

ざけ勤勉に働くことのすすめであり、他人の信用を獲得することの強調にあっただけではないことです。すべての市民は働いて得た成果を再び事業に投下し、その成果をまた事業に投下するのです。老後の楽しみのために蓄えるとか、なにか他の目的があって蓄えるのではありません。働くことそのものが、蓄えたものを事業に再び投下することが、目的なのです。これは今日の私たちには理解しがたいことですが、事実はウェーバーの指摘の通りでした。そしてこの「資本主義の精神」が一部の人だけでなく一社会の全員を動かすときに「伝統主義」の突破はなされたのです。こうして近代資本主義がいったん成立すると、それは逃れることのできない鉄の檻となり、私たちはかごのなかのリスが車を回すように、この制度の歯車を回し続けることになった。マックス・ウェーバーはそういいます。

2
歴史のなかの労働〈古代社会〉

1　労働よりも行為——古代ギリシア人の場合

労働の始まり

　人類にとって、働くことは額に汗して日々の糧をえる労苦、つまり「非効用」であるのは、歴史の始まりからのことでした。旧約聖書の「創世記」では楽園からの追放とともに人間の労働がはじまります。ギリシア神話でもほぼ同じです。世の中にあるものを神々のものと人間のものに振り分ける役目をゼウスはプロメテウスに任せましたが、プロメテウスはいつも人間に有利になるように知恵を働かせます。怒ったゼウスは火を人間から隠します。でもプロメテウスは天上に燃えている火をウイキョウの茎に隠して地上にもちかえり人間に渡すのです。ところで火を隠すと同時にゼウスは穀物の種も隠したのでした。それ以前には人間は働くことを知りませんでした。穀物は自然に生え、肉は調理された形で人間の前に現れるのでしたから。食料を失った哀れな人間たちは「大地の腹」のなかに穀物の種を探さねばならず、こうして畝を作り、種をまき、収穫し、パンを手にするようになったのです。労働の始まりはこのようですが、小麦は人の手で粉にされ、竃の中でパンに焼かれます。つまり食物を生のままでなく調理するわけですが、この点で労働は人間を他の動物とは異なるものにしました。ギリシア神話は労働によって人間が文明の状態に入ったことも説いているのです。

尊き労働と奴隷

　ヘシオドスは紀元前8世紀の人ですが、古い部族制度は解体してしまった

けれど、ポリスを中心とする古典古代のギリシア文化がまだ現れる前の時代の人です。かれが『仕事と日々』でうたうのは、部族的なつながりによる保障をもたなくなり、生活のすべてを自分の労働でまかなう小農民の生き方です。ここでヘシオドスが説く第一のことは、労働の尊さでした。「人間は労働によって家畜もふえ、裕福にもなる、また働くことでいっそう神々に愛されもする。労働は決して恥ではない、働かぬことこそ恥なのだ」との言葉がみえます。働くことの尊さをうたうということでは古代も近代も変わりがないようにみえますが、古代の労働の観念は近代のそれとは非常に違ったものでした。『仕事と日々』を読むとこのことがよくわかります。ここでの仕事は主として農業なのですが、そこで市民は「まず何よりも、一戸を構え女を一人と耕耘用の牛を一頭を備えよ」とされています。その場合、注意すべきことはヘシオドスが「女と言っても嫁にもらうのではない、必要あらば牛を追うこともできる奴隷を買うのだ」といっていることです。みずからの額に汗して働くことと奴隷を買い働かせることは何ら矛盾するとは考えられてはいません。そして時代がさらに下って、古代ギリシア都市で開花した民主政が全盛期を迎え、市民がポリスの生活に時間をとられ、政治活動以外のことを行なわなくなるにつれて、古代の人々が労働について持っていた考え方と私たちのそれとの違いは、はっきりしてきます。

図2　洗水盤をつくっている古代ギリシアの陶工

右下で何かを洗っているのは奴隷。
〈*L'HISTOIRE* N°64 FÉVRIER 1984年〉

労働と自由

　ポリス時代のギリシア人の社会では労働は軽蔑されるものになるのです。人間が生きていくためには、まず生命を維持しなければなりません。食物をとり、暑さ寒さから身を守る衣服を裁ち、家屋を建てなければならない。こ

ういったことはすべて、人間が本来はその一環である自然の循環する運動の中に組み入れられていることから生じてくることです。そのかぎり人間が生きていくためには自然の運動に合わせなければならないし、必然性に縛られることを余儀なくされることにほかなりません。社会のうちの誰かがこの必然に応じた活動を果たさなければなりませんが、この活動は市民の自由な行為である政治を、ポリスの広場での討論や決定を妨げるものです。そこで、古代のギリシア人は奴隷を持ち奴隷に労働をさせることによって「自由」であろうとしたのです。このような考え方は古代ではギリシア人に限られるわけではありません。ローマ人のもとでもそうでしたし、中世ヨーロッパの王侯貴族のもとでも形こそ違えてみられるものです。

　しかし、働くということについて古代ギリシア人が考えていたことがそれですべてであったというわけではありません。生産力の体系としての近代社会では労働をそれ自体として最高の地位におくわけですが、このように価値を逆転させるなかで近代人が見失ったものを古代人がみていたのでないか問うてみる必要があります。

労働・仕事・行為

　ハンナ・アレント（1906～1975年）は『人間の条件』のなかで、ギリシア人のもとでは働くということのうちで「労働」と「仕事」が区別されていたことを指摘しています。「労働」とは人間が生命を維持していくために欠かせない活動のことですが、これは奴隷的です。「仕事」とはこれとまったくことなる種類の活動であって、人間の作り出したものが「世界」において、どのような位置を占め、またどのような働きをし、どれくらいの期間留まるか、ということに関係するのです。たとえば、食物としてのパンが世界に滞在する期間はせいぜい一日であって、すぐに食べられて消えていきます。ですから、日々パンを焼かなければなりません。他方、大理石で建てられた神殿や神殿の壁に描かれた壁画などの作品は、はるかに長い期間残ります。パン焼き職人と建築家や絵師の活動において、このような違いをギリシア人は認めていました。

　ギリシア人にとって重要であったのは、人間の活動的生活はなるほど自然

の循環の運動のなかにあるが、それとは相対的に独立した人工の世界のなかで、仕事の成果である作品を作り上げることだったのです。この場合の作品は、安定し耐久性のあるものでなければなりませんが必ずしも有用性は求められません。「それがこの世に一つしかないために交換もされず、したがって貨幣のような共通の尺度上で表わされ平等化されるのを拒む」ものであり、その典型は芸術作品なのです。芸術作品はすぐれた永続性のゆえに手にふれることのできるもののうち、もっともこの世界に特徴的なものであり、自然の循環運動による腐食にさらされることのないものだというのです。

世界においてそのものとして重要な位置を占め続けるということでは、仕事とともに「行為」を挙げなければならないでしょう。行為として考えられていたのは、ポリスの政治的活動のなかで「不死の名声」を獲得することでした。ポリスの政治的活動は、「すべての人がみずからを際だたせ、行為と言葉によって、他人とは異なる」ユニークさを示す機会を与えるものでした。そこでの名声に値する行為は人々から忘れられることなく「不死」となるのでした。

2　働くことと自然との関わり

自然との闘い

このように「労働」から区別される「仕事」こそが、ギリシア人にとって働くことの意味でした。しかし、仕事によって作り出される人為の作品の世界も絶えざる循環運動にまきこまれており、とどまることのない自然のなかにあります。自然は、成長と衰退という形で、人間の作ったもののなかに絶えず入り込み、世界の耐久性をおびやかしますし、ものを人間の使用に耐えないものにしていきます。人間はこの成長と衰退の過程に対して絶えず、終わりなく闘わなければなりません。このことについては、近代になればマルクスが労働過程論において違った形で取り上げることになるでしょう。労働を奴隷的なものとして軽蔑し、仕事のみに生きることを理想としたギリシア人のもとでも、自然の過程にさからって世界を維持するために、単調な作業を日々繰り返すということを避けるわけにはいきません。

ギリシア神話に出てくる英雄ヘラークレスの12の難業のうちのひとつに、アウゲイアスの馬小屋の掃除があります。太陽神の子である小アジアの王アウゲイアスは千頭の馬を飼っていました。それらの馬のいる馬小屋の糞を一日で運びだすなら十分の一の馬を与えようとの王の約束（不可能と思われていたのです）に対して、ヘラークレスは馬小屋に川の流れを引き込んで一日で糞を洗い流してしまいます。しかし、一日できれいになるのは神話のなかだけで、現実には馬小屋の掃除は毎日欠かせません。日々、途方もない量の糞が溜まる馬小屋の掃除のうちに、私たちは自然の運動に逆らって世界を維持していこうとする人間の活動を、象徴的な形で読み取ることができます。
　労働よりも仕事を重視したギリシア人も、圧倒的に強力な自然にたいする英雄的な行為というイメージでこの努力のことを考えずにはいられなかったのでした。

3
歴史のなかの労働〈近代〉

1 富と価値をつくりだすもの

富の源泉としての労働

　近代になると働くことに対してまったく違った見方がされるようになります。労働と仕事は区別されない、というよりも仕事は労働のなかに吸収されてしまいます。そして労働が最高の位置につけられます。思想史的にふりかえると、労働にこのような位置があたえられるのは、ジョン・ロック（1632～1794年）の『市民政府論』が最初です。大地は人類に共有のものであるが、その大地に身体をもって働きかけ、彼が大地から取り出したものは当然その人に属するとして、ロックは自然状態における財産の存在とその保護を説きました。アダム・スミス（1723～1890年）は『国富論』で、一国民の経済活動の目指すべきものが貨幣や貴金属を蓄えることではなく、日常生活の必要品や便宜品を増大させることであると説き、「富」の概念を転回させましたが、こうなると富を生みだすものとしての国民の労働を発展させることの重要性が明らかになります。このように労働は近代の思想家たちにとっての主要なテーマとなっていくわけですが、労働についてもっとも掘り下げた考察を行なったのはなんといってもカール・マルクス（1818～1883年）でしょう。

2 マルクスの説明

価値と使用価値

　マルクスは資本主義社会において、人間の労働が作り出すすべてのものは

商品になっているといいます。商品になるとは、市場で他のものと、とくに貨幣と交換されるということで、それは商品が一定量の価値を体現しているからです。ですから価値とはその商品が市場で交換される貨幣の量に等しいわけです。ところで、商品は価値を体現しているとともに使用価値でもあります。パンは食べられ私達の生命を維持させてくれるものですし、衣服は暑さ寒さに対処させ、また私達の生活を快適にします。私がパンを買い衣服を買うのはそれらの使用価値のためですが、他の人々がパンを焼いたり衣服を仕立てたりするのは、それらの商品を売り、代価としての貨幣を手にいれるため、つまり価値のためです。つまり、商品は価値を体現するとともに使用価値を体現しています。というよりも、マルクスの説明によれば、ものは使用価値を持つゆえに商品としての価値を持つのです。歴史をふりかえってみると、人間の労働の生産物はいつの時代にも市場で交換されていたわけではありません。むしろ互酬的関係のなかでの贈与としてやりとりされていて、市場が社会生活の全領域を包み込むのは19世紀になってのことにすぎません。価値を目的とする労働は、歴史的には新しいものなのです。これに対して、使用価値はそれぞれのものの有用性そのものを目的としていて、いつの時代にも存在していました。

人間と自然との物質代謝

マルクスは『資本論』第一巻の冒頭の部分で労働過程を分析します。マルクスの労働過程論で注目すべきことは、労働することは人間が自然に働きかけて何かを作り出すことですが、人間の場合は労働にあたって目的を立て、その立てた目的に応じて自然法則を意識的に適用している、とみていることです。ということは、自分の立てた目的に応じて道具（労働手段）を用い、自分の身体を操作することです。人間は生きていくためには自然に働きかけ自分に必要なものを作り、生活のうちで消費し、生命を維持して更新しています。マルクスはこれを人間と自然との物質代謝と表現します。そして人間と自然との物質代謝である労働過程を、人間が自然に対して、労働手段を媒介にして働きかけるという形でとりあげるのです。

このように自明と思われることをマルクスが論じるのは、一つには人間の

労働と他の動物の活動との違いを示すためです。少し長くなりますがそれをよく示している文章を引用してみましょう。

> 我々は人間だけに属するような形態での労働を考えている。クモは織物師に似た活動をするし、蜜蜂は、その蠟房の建築によって、幾多の人間建築師を赤面させる。だが、もっとも拙劣な建築師でも、もっとも優秀な蜜蜂よりもそもそもから優越している。というのは建築師は現実に巣を築く前に、それをすでに頭の中に築いているからである。労働過程の終わりに、その初めにすでに労働者の表象のうちに現存していた成果がでてくる。彼は、労働がくわえられる材料のたんなる形態変化だけを生ぜしめるのではない。彼は、同時に、彼の目的を実現する。その目的は法則として彼の行動を規定するものであって、彼は自分の意思をこれに従わせなければならない。

クモや蜜蜂はいかに巧みな作品を作り上げるとしても、最終的な成果の設計図や作業の手順についての考えを持っているわけではありませんし、すべては本能に組みこまれていて、活動の手段も身体の器官です。つまり、人間と自然との間の物質代謝の過程は他の動物の場合と比べるとはるかに開かれたものになっているということなのです。

3 自由であることの問題

労働手段と所有

人間の場合、働くことがこのような条件のもとにあることは、他面からいうと、自由に目的を立てそれを実現する手順を考えるという意味で、人間が自由であることを示しています。しかし、この自由はまた問題を含むものです。というのは、この場合には労働手段がだれの所有となるかという私的所有の問題が生じてくるからですし、私的所有は人間の自由の条件であったものを不自由に変えてしまうこともあるからです。

『資本論』の研究者である内田義彦はこの点を次のように説明しています。

第一に、道具（労働手段）が身体の外部にあることから道具は多様なものとなることができ、それに応じて人間の自然への働きかけを多様なものとすることができる。この場合に、労働の目的を設定することは明確にひとつの行為としてでてくる。
　第二に、自然力の利用範囲は人間が作ることができる道具によって決まってくる。「ある社会の労働手段の体系を知ることによってその社会を知ることができる」とマルクスは言っていますが、それは社会全体の分業がどのような体制として組み上げられているかということと不可分だというのです。
　第三に、道具が身体外にあることから、労働の生産物も身体外の生産物としてできます。こうなると生産と消費とは分離してくるわけで、人間と自然との関係は迂回した形のものになってきます。そして、人間は生産物の一部は生活のために消費し、残りは生産手段としてそれでもって自然への働きかけを行なうというサイクルを繰り返すことになりますが、この中で労働過程は複雑な社会的分業となっていき、人間の自然への働きかけもきわめて迂回的なものになります。こうして、人間の自然への働きかけはより深いものになっていきますが、その半面、人間は自然から独立し、自然と対立した存在になってもいきます。公害や環境汚染はそこから考えることができるでしょう。

分離される「構想」

　労働過程がこのように複雑なものとなると、初めに想定されていた人間の労働条件もまた大きく変わってくることにマルクスは目をむけます。労働にあたっての目的とその実現の手順を考える「構想」が、働く人間から分離されてしまうからです。マルクスは資本の所有を軸にして、近代社会での労働が多数の人々の組織としてなされること、そしてそのさいに指揮が資本家の手にあることから「構想」と「実行」の分離を考察しました。しかし、現代の社会では企業を初めとする多くの職場は大組織となっています。大組織を動かすには多かれすくなかれ指揮系統と職務分担が確立されていることが必要です。このことから、多くの職場では「構想」が働く人々自身にゆだねられるのではなく、他から与えられるものになっているのです。

4
「実行」から分離される「構想」

1　大工場のベルトコンベア労働

機械に支配される人間

　近代的な大工場というと巨大なベルトコンベア・システムが思い浮かべられるのではないでしょうか。このような巨大なシステムのもとで人間は機械の奴隷にされ、人間疎外は極限まで進められます。チャップリン（1889～1977年）が1936年に制作した映画『モダン・タイムス』で作業衣を着たチャップリンが働くのはベルトコンベアが設置されたそのような工場のなかでした。ベルトコンベアの速度は次第に早くなっていき、初めのうちは速度に合わせ作業のテンポを速めていったチャップリンも、ついには追いつけなくなり、目を回して倒れてしまいます。不況で工場は閉鎖され、路頭に迷ったりしますが、いずれにしてもこのような工場で働くほかありません。「モダン・タイムスとは産業社会とそのなかでの個人の努力──幸福を求め闘う人間の物語である」という字幕で始まるこの映画のなかでのチャップリンの境遇はそのようでした。

工場内分業の推進

　巨大なベルトコンベアを持つ大工場はマルクスの知らないものでした。19世紀には機械を備え多数の労働者をかかえる工場が出現しますが、そこでの労働者たちはまだ家内制度のもとでの織工や職人のように自分の時間を自由に使い、好きなときに仕事をやめてしまう、そのような労働者でした。工場主たちは、このような労働者をコントロールしようとしてさまざまな形態の

管理を試みます。そのような管理の試みのうちで、比較的うまくいき普及したのは、工場内の分業をうまく組織することでした。労働過程を分割し、生産労働をその構成要素に分解し、それをまた再構成するわけですが、こうするとそれぞれの作業を標準化することができ、またムダな作業を取り除くことができます。イギリスの経済学者チャールズ・バベッジ（1792〜1871年）は『機械とマニュファクチュアの経済学』で、このことで労働コストを半分以下にすることができると書きましたが、マルクスが知っていたのはそこまででした。テイラー・システムとよばれる科学的管理法が世界中の工場に普及するのは、マルクス没後のことなのです。

熟練の解体——テイラー・システム

　アメリカのフィラデルフィアの裕福な家庭の出身であるF・W・テイラー（1856〜1915年）は、技師としてミッドベール製鋼所に入社するとすぐに、労働紛争に巻きこまれます。その紛争のなかで工場の労働者をうまく管理すると同時に工場の生産効率をも引き上げるような管理方法、テイラー・システムの着想を持ったのでした。それまでミッドベール社の工場で作業内容についてもっともよく知っているのは熟練労働者たちで、経営者や職制は作業内容については完全に無知なのでした。ところが、技師であるテイラーが技師としての合理性の視点から考察してみると、熟練労働者たちが伝統的に最良のものとしているやり方は、最良のものではないのが判明するのです。テイラーは鋼材の切断について12の変数の組み合わせがあるうちで唯一最良の解を発見したのですが、工場労働者の作業についてもこのように唯一最良のやり方が存在するに違いないと考えたのでした。そして、テイラーは、従来労働者たちが持っていた作業についての知識をすべて集め、この知識を分類・集計し、法則・公式にまとめることを管理者の任務であるとします。こうして、模範的な労働者の作業は一動作ずつストップウォッチで測定され、その作業のモデルがすべての労働者のノルマとされました。また、作業のうち目的の設定や手順の設定に関することはすべて労働者から取り上げ、工場の計画部または設計部に移してしまいます。彼の提唱した科学的管理法とはこの原理が工場の作業現場で具体的に実施されたもののことですが、それは熟練

図3 フォードモデルT

(トヨタ博物館所蔵)

表2 フォード社の自動車生産台数と価格

年	乗用車生産	T型車生産	T型車販売	小売価格(ドル)
1908	10,202		5,968	850
1909	17,771	13,840	12,292	950
1910	32,053	20,727	19,293	780
1911	69,762	53,488	40,401	690
1912	170,211	82,398	78,611	600
1913	202,667	180,098	182,809	550
1914	308,162	230,788	260,720	490
1915	501,462	394,788	355,276	440
1916	734,811	585,388	577,036	360
1917	622,351		802,771	450
1918	435,898		402,908	525
1919	820,445		777,694	575

の解体であり、構想と実行との完全な分離にほかならなかったのです。

(丸山恵也編著『ボルボ・システム――人間と労働のあり方』多賀出版、2002年、3頁。ただしトラック生産台数と1920から1930年までは省略。)

大量生産――フォード・システム

　テイラー・システムをチャップリンの『モダン・タイムス』的なベルトコンベア作業へとさらに進めたのは自動車会社を設立したフォードでした。フォード社の工場では、自動車の最終組立はもともと高度な熟練的な作業であり、多様な熟練工が組み立てられる自動車のまわりに集まる形で進められていました。一台の組立が完了すると彼らは次の自動車のところへ歩いて移動していたのです。ところがフォード社が1908年にＴ型車を発売すると、この自動車は爆発的な人気をよび需要に応えて増産の体制に入りますが、従来の組立方式で生産していたのでは注文に間にあいません。技師の一人が組み立てられる自動車をベルトにのせて部品工場のなかを通過させるという着想を持ったことがその始まりとされていますが、こうしてＴ型車を大量生産するために、工場にベルトコンベアが導入されたのでした。これによってＴ型車の組立に要する時間は従来の10分の１に引き下げられ、1925年になるとたった一日でそれまでの一年間の組立台数をこなすことが可能になったのでした。そして、ベルトコンベアの導入による大量生産の方式はまたたく間に全世界に広まったのです。

　自動車が大量に生産されても労働者を含む一般市民がそれを購入できなけ

れば、市場は拡大しません。そこでフォードは労働者も自動車を買えるようにとの目的から、高賃金政策をとりました。工場のベルトコンベア方式とこの高賃金政策を組み合わせたものがフォード・システムと呼ばれることになります。

2 労働のなかでの人間の再発見

肉体的・精神的な消耗

テイラー・システムとフォード・システムは別のものとして生まれましたが、ベルトコンベアの流れ作業を分析し標準化するところで合流していきます。そして熟練労働は単純労働にすべて置き換えられるとともに、職場のコントロールの権限はすべて経営者のものとなり、経営者はベルトの速度を変化させることで作業速度を2倍にも3倍にもすることができるようになりました。『モダン・タイムス』のチャップリンは1920年代から30年代にかけての工場内での変化を写しだしていたのです。

しかし、作業速度を引き上げられてついていけなくなったチャップリンが目を回して倒れてしまうように、工学的な視点からのみ合理性を追い求めて作られたシステムには人間は長期的には適応することはできません。そこで働く人々にとっては単調な動作の反復が強いられますし、作業の細分化が進められると自分の果たしている作業が工場全体のなかで何を意味するのかわからなくなってしまい、ひたすら神経と肉体を消耗するものになったのです。

フォードシステムは第二次大戦の後でも多くの工場でみられるのですが、1960年代になるとこの方向での合理化の限界が広く認識されることになります。ヨーロッパの自動車会社の工場では作業内容や作業環境への不満から離職が増大しまた激しいストライキが頻発するのも同じ頃です。そこで世界の各地でこの状況からどうやって抜け出すか様々な試みがなされることになります。

ポスト・フォーディズムの模索

よく知られているのは作業をグループ化し、職務内容を拡大するとともに

それをジャスト・イン・タイム方式と結びつけたトヨタの事例と、もう一つはスウェーデンのボルボ社の例です。

　ボルボ社でも工場で働く人々による離職やストライキを経験していましたが、1970年代に入って改革に取り組みました。1974年にカルマル市に新しく建設された工場ではベルトコンベアはまだ用いられているのですが、他方で組み立て中の製品をベルトラインから離れた作業場（ドック）に引き込み組み立てるパラレルラインと組み合わされたのでした。ここで働く人々はベルトラインの傍らで一人作業するかわりに、作業グループに属します。作業グループのなかでは作業はローテーション化される一方で、それぞれの作業者はさまざまな仕事をこなし相互にカバーしあうので、グループの作業の進行をみながら各自自立的に考え作業する部分が多くなります。フォーディズムの基本原理である「構想」と「実行」の分離が、こうしてカルマル工場の方式では部分的に否定され修正されていくのです。

人間中心の生産システムへ

　ボルボ社での生産システムの改革はさらに進められます。1989年に操業が開始されるウッデヴァラ市の新設工場では、ベルトコンベアは完全に撤去され、静止したままで完成車を組み立てる「完全組み立て方式」が採用されるのです。ベルトコンベアに規制される生産の同期性にかわってチームをなす作業者たちの判断と裁量によって作業は進められ、人間が機械に従属する生産システムから人間を中心とする生産システムへと変換されたのでした。

　自動車産業は膨大な数の部品を組み立てるという性格の産業です。今日では自動車以外の組み立て製造業においてもベルトコンベア方式から離脱する、そして細胞（セル）をなす作業チームで組み立てを行うセル生産方式への移行が、他方でのオートメーション化や生産ロボットの採用と並んで、有力な流れになりつつあります。

5
シャドウ・ワークの拡大

1　価値を生まない労働？

産業社会の中での労働

　今日の社会はポスト工業社会であるといわれています。産業全体の構成を考えると、農業や漁業に従事する人々の数が急減し、工業で働く人々の割合も減少しつつある一方で、事務労働やサーヴィスあるいは情報関係の仕事で働く人々の比率は次第に増大してきています。ですから、今日、働くということについて工場の労働だけを考えるのでは十分ではないでしょう。社会全体のなかでの労働や生産物の配分や再生産を考えてみましょう。人びとが働くのはオフィスや工場などさまざまですが、工場の労働も、オフィスでの事務労働も、あるいは営業マンのセールスも、銀行の仕事も、それぞれ違う企業のなかで行なわれるとしても、社会全体としての経済活動が繰り返し継続して行なわれていくため、専門化された部署での労働ということになります。つまり、いま挙げたようなさまざまな仕事は、産業社会で働く人々が全体としてひとつの巨大な結合労働をなし自然に働きかけ物質代謝を行なっているなかで、それぞれのパートを分担しているのです。ですから、工場の労働はデパートや銀行の労働もその形態こそ違っているとはいえ、基本的には同じであり、工場の労働は働くということを説明するひとつのモデルということになります。

　しかし働くことを「価値を生産し、市場で価値を実現する活動」と定義することで、働くことの意味がすべて説明されるわけではありません。医療や社会福祉、あるいは教育などを考えてみるとよいでしょう。これらの活動は

経済学でいう価値を生みだすわけではありませんが社会的には重要です。さらにまた家庭のなかでの主婦の労働があります。主婦は家庭のなかで料理を作り洗濯をします。ところで、レストランの調理人もクリーニング店でも同じ活動を行ないます。こちらは価値を生む行為であるのに、主婦の活動はそうではありません。考えてみるとこれは奇妙なことですが、その理由は経済学は価値を生みだすことだけを生産的労働として考えているからに他なりません。主婦の労働あるいは企業のなかでの女性の労働については、もうすこし違った見方も必要になります。

2　シャドウ・ワークの背景

イリイチの産業文明批判

　家庭のなかでの主婦の労働や企業のなかでタイピストその他の補助的な作業をさせられている女性の労働を考えるにあたって、イヴァン・イリイチ（1926〜2002年）はシャドウ・ワークという考え方を提唱しています。イリイチのシャドウ・ワークの概念は主婦や女性の労働にとどまるものではなく、今日の医療や教育の在り方の批判ともかかわるものですが、それは後で見ることにします。「産業社会の中にある労働の影の面」ないし「産業社会に特有の支払われない労働」であるとされるこの概念の説明を見てみることにしましょう。

　産業社会とそれ以前の社会では生産の在り方も男性と女性の関係の在り方も違っていた、とイリイチはいいます。産業社会では男性は家族と自分の生活を支えるために外部の企業その他に仕事を求め賃金を得ます。主婦は家庭にあって男性がこのような活動を続けていくことができるように陰で補助をする存在となっています。産業社会以前の社会では、労働はこのようではありませんでした。なるほど賃金労働はなかったわけではありませんが周辺的でした。男性と女性は一緒になって家庭を自存させていくために働き、その関係のなかでは対等な関係にありました。シャドウ・ワークは産業社会以前にはなかったものなのです。それがどのようにして生まれてくるか、イリイチはアメリカのニュー・イングランドの家庭生活の変容を例にとりながら説

明します。

　19世紀始めの時点でのニュー・イングランドの農村ではどこでもひとつの家庭が生活の単位でした。つまり、ひとつの家庭は外部に依存することなく自給自足でやっていたのです。食品の加工と保存、蠟燭作り、石鹸作り、糸紡ぎ、機織り、靴作り、羽根蒲団作り、膝かけ作り、小動物の飼育、果樹園の手入れ、これらが家事の内容であり、家屋のある敷地内で行なわれていたのです。もちろん、家庭で作られたこれらの自家製品を売りにだせば貨幣収入をえることはできたでしょうけれど、農村内部ではふつうは現物で交換されていました。ここでは女性の働きは男性と何ら変わりません。「家計の自己充足に貢献し、積極的に活動し、経済的には男性と同じ位置を占め」ましたし、多くの場合財布のひもを握っているのは一家の主婦でした。

3　シャドウ・ワークの広がり

女性労働のシャドウ・ワーク化

　1830年頃になると、自給自足的農業は市場で産物を売ることを目的とする商業的な農業経営にとって変わられますが、それとともに大きな変化が生じました。農民の間で階層分化が生じ、成功した人々は没落した多くの人々を賃金労働で雇うようになります。夫たちが賃金労働にでるようになると、主婦の位置もそれと対応して大きな変化を見ることになります。かつての「財布をあずかる女主人」の地位から職務解任されてしまうのです。経済活動から除外され、おだてと脅かしのうちで、「女性たちにふさわしい」とされる家庭に、すなわち「優秀な働きがお世辞をもってむくわれるような領域」に押し込められていきます。こうして経済的平等の地位を失いますが、このような変化があったゆえに19世紀にイギリスで普通選挙制度が実施される時期にかえって女性の参加を排除するなどの法的権利の喪失も生じたのだとイリイチはいいます。そして、女性はそれまで家事のうちで自存のために自らの手でつくっていたものを、夫たちが賃金労働で稼いできた収入で買い入れるようになります。家庭は自存のための生産の場から消費の場となり、家庭主婦の役割は「市場からしいられる消費を組織化すること」とされてしまいま

す。

新しい影法師

かつては自存のために男性と同等の資格で生産に従事したのに、いまや男性の賃金労働を陰で支えるにすぎなくなります。消費を組織化するといっても、それは男性の収入に依存するものである以上、従属的なものにならざるをえないからです。こうして、産業化ないし商業経済化の進展とともに、女性の労働は影の部分に追いやられました。「経済（貨幣に変えられる活動）に照らしだされない影は、経済とともに拡大し、《母》や《妻》の役目やそれ以上のものをダメにする」わけですが、これは決して家庭主婦に限られることではないのです。19世紀の終わり近くなると、ミシンやタイプライターの発明と普及が見られ、ミシンかけ、タイプライター打ち、電話交換手など女性のための独自な職場が開かれ、「職業婦人」が出現します。しかし、これら女性のための独自な職業もかつての時代の自存・自足の生活のなかでの労働と比べれば空しい活動にすぎない、イリイチはそう考えます。専業主婦も職業婦人も産業化が作り出し大きくしていった「新しい影法師」であることでは変わりないのです。

近年の動き

とはいえ、近年ではここでも変化はみられます。女性が家庭にとどまり専業主婦であることは少なくなり、職場に進出する動きが広まっているのです。日本についてみると、高度成長の時期には年功賃金や終身雇用などが一般的である制度のもとで夫のみが働き、妻は専業主婦として家にとどまるケースが多かったのですが、専業主婦の比率は1980年にピークを迎え、その後は職場で働く女性は大幅に増加し、1995年には逆転します（平成14年版『厚生労働白書』）。このことの背景としては経済のなかで事務労働やサーヴィス労働の分野が拡大していること、家庭電化製品の普及や少子化による家事・育児の負担の軽減がありますが、また女性、とくに既婚女性が職業をもつことに対する意識と世論の変化も作用しています。

このように複雑な動きをはらみながらもシャドウ・ワークは今日のポスト

産業社会においては、科学技術の発展とそのもとでの専門知識により組織される生活分野の拡大とともに、広がってきているのです。イリイチが今日のシャドウ・ワークの例としてよく取り上げるもののひとつに医療があります。どこか具合が悪く医者に見てもらい治療を受けるとき、私たちはひたすら医者の指示に従うわけですが、見方を少し変えてみると、このことは健康状態の判断と管理について、私たちは専門知識を持たないゆえに「無力化」され、医者の与えるサーヴィスの享受を余儀なくされるということでもあります。イリイチによれば、自立・自存からいえば空しいこのようなサーヴィスの消費もシャドウ・ワークなのです。同じような例は受験準備のために学生に受験勉強をしいる塾や予備校などのサーヴィスについても言えるでしょうし、マーケティングやコンサルティングといった活動のかなりの部分もそこに含めることができるでしょう。

　産業化が賃金労働の一般化とともにまず家庭の主婦を影の領域に引き込むことになったシャドウ・ワークは、ポスト産業社会では介護など専門性を要求される仕事の一般化とともに社会の中心的な部分をなしてきてもいるのです。

6
働く喜びはどこに？

1　フーリエの労働観

理想の社会

　シャルル・フーリエ（1772〜1837年）は19世紀初めにフランスで活動した思想家で、彼の思想は空想的社会主義とよくいわれます。空想的とされるのは、彼の社会批判が科学的な社会分析を基礎とするものでなく、現存する社会に代わる理想の社会をもっぱら彼の奔放な想像から描き出したゆえでした。フーリエは彼の描く理想社会のなかでの労働はどの人にとっても魅力的で喜ばしいものとなるといいます。働くことは本来、魅力的なことであるのだというのです。

労働は苦痛？

　なぜ現存する社会のなかで労働は魅力的であるどころか労苦であり苦痛であるのでしょうか。フーリエは彼の情念の理論からこれを説明します。自然界の物体の運動がニュートンの万有引力の法則によって支配されているように、社会のなかでの人間の行動も情念引力の法則により支配されていると彼は考えました。情念とは人間に行動を促すさまざまな衝動のことですが、これはもともと人間に備わっていて変化させることも取り除くこともできない。抑圧されている情念を解放し、それをうまく利用するしか方法はないのですが、現存の文明社会の仕組みはこの情念の解放とは正反対のものになっている。このことから労働は人々に労苦であるだけでなく、貧困を初めとする諸々の社会的悪も生じてくるというのです。

図4　シャルル・フーリエ

フーリエによると、人間には12の基本的な情念が存在しています。そのうちの5つは人間の五感に対応するもので感覚情念。ついで人々を集団に結びつける4つの感情情念があり、それらは友情、恋愛、野心、家族愛です。興味深いのはフーリエが配分情念として示す残りの3つの情念で、これには密謀情念、蝶々情念、複合情念があります。密謀情念は人々をして陰謀をたくらませ、計算をさせ、徒党をくませるもので文明社会ではふつうこれは悪しきもの、破壊的なものと考えられています。蝶々情念はすべての人間にみられる変化と対照を好む性向のことで、蝶が花から花へ飛び回るようにどの人にもある「快から快へ飛び回ろう」とする欲求です。フーリエはこの情念は2時間ごとに表れる、つまり人は同じ仕事を2時間していると飽きてしまう、といいます。複合情念は合理的計算とはまったく無縁の盲目的な熱情です。

魅力ある労働

　文明社会はこれら配分情念を抑圧するような形で作られているので、密謀情念は商品取引所の仲買人に内部情報を漏らし秘密裏に有利な取引をさせることになるのです。フーリエのみていたのは19世紀初めのフランスの産業界ですが、文明社会の提供する労働はおよそ人々を引き込み、情念を発揮させるようなものではない。「12時間、ときには15時間ぶっ続けのガラス工場、紡績工場、化学工場での労働は、絶え間ない拷問でしかない」。しかし、労働者が心底からの動機と情念で動かされるときには奇跡的な偉業が達成されるとして、彼は1810年にリエージュの炭坑事故で80人の炭坑夫が生き埋めになったとき、仲間を救うために炭坑夫たちが2週間かかっても掘り進めない坑道をたった4日間で開通させた例を示します。彼の構想する理想社会では人々はいくつものグループに編成され、そして情念理論にもとづいて労働の日程表がそれぞれの人ごとにたてられているのです。つまり人々は自分で仕事を選び、自発的に形成されたグループで協力するのですが、蝶々情念の働

きにあわせて一つの作業が2時間をこえることはない。また密謀情念はそれぞれの労働グループのあいだで競争を刺激し、さまざまな革新や企画を考えさせる。そして複合情念はグループの人々の間で団結とプライドを生みだし、労働は遊びと同じほどに魅力的なものになる、というのです。

2　労働の喜び

G・フリードマンの夢

　フーリエの思想は出現するのが早すぎたのでしょうか。それから100年以上も後になってベルギーの大学の社会心理学者で社会党の書記長でもあったアンリ・ド・マン（1885〜1953年）は1930年に『労働の喜び』を出版します。この書物の半分は工業、商業、官公署などで働く人々に対するインタビューの記録です。1929年の大恐慌の前夜に人々は賃金の低さ、工場内の騒音、労働のテンポの速さ、不健康な職場、仕事の単調さ、そして創意を働かせる余地がないことなどへの苦情をあげていて、それらの苦情は労働組合の活動や個人に提供される昇進の可能性などによっても緩和されるものではありませんでした。マルクス主義の影響が強かったこの時代に、いささか異例なことですがアンリ・ド・マンは人々が「労働の喜び」をもつことができるとしたらそれは政治的・社会的な解決のうちにではなくて、技術と道徳に関わることのうちだといいます。工場単位での新しい集団意識を基礎として「労働－義務」の新しい労働倫理を打ち立てるというのが示された解決策でした。

　同じ頃にフランスの社会学者であるジョルジュ・フリードマン（1902〜1977年）も現代社会における労働の喜びを考えることになります。初めはマルクス主義者として出発したフリードマンは、労働者が工場の経営協議会に参加するソヴィエト・ロシアでの労働と生産のシステムに惹かれます。しかし、デトロイトから移植されたゴーリキ市の自動車工場の労働者の状況はアメリカの工場とは何ら変わらず、また戦時生産体制にむかうとともに人間的要素の配慮がソヴィエト・ロシアでも切り捨てられていくのを目撃します。第二次大戦の後フリードマンはフランス国内のみでなく世界中で数多くの工場、港湾、鉱山、オフィスなどの労働現場で調査を行いました。そして大量

生産の時代に断片化された労働が広まり続けるのを見て、断片化された労働と労働の喜びとが両立しないことを確認するのです。とはいえフリードマンは労働の喜びを、自分が仕事の主人であり目的と手段も自分の裁量でできる芸術家や職人のもとでの満足感をモデルに考えていて、それは現代産業のなかでも特殊な熟練技能が求められているような分野と研究部門の技術者や研究者には残されていると考えていました。

新しい時代へ

私たちはアンリ・ド・マンやフリードマンからさらに半世紀以上後の時代に生きています。大工場での労働についてはポスト・フォーディズムが語られ、脱ベルトコンベア化やセル生産方式が広まりつつあります。断片化された単調で反復的な仕事は作業ロボットに置き換えられ、人々は作業のなかで創意を働かせるチーム作業が広まっています。これは製造業の工場だけでなく、事務労働やサーヴィス労働の職場でもみられる動きです（マクドナルド化のようなこれと反対の動きもありますが）。ある意味では19世紀初めにフーリエのみた夢に近づいているともいえるかもしれません。

人々を引き裂く新たな分割

しかし、フーリエの夢に近づく傾向がみられるといっても、あくまで長期的な展望でのことです。最近の労働の世界では、この夢とは逆の方向への気になる動きもみられるからです。働く人々のうちで、正規雇用者と非正規雇用者の区分が生まれ、派遣労働者など非正規の人々の割合が増大しているからです。

このような事態はどうして生じたのでしょうか。1980年代には東アジアと東南アジアの諸国で工業化が進展しました。1990年代には中国がこの流れに加わり、中国は「世界の工場」となり、その後では「世界の市場」となっていきます。これら諸国の工業化は、日本や欧米など先進諸国の製造業の企業が安い労働力を求め、また為替変動による製品輸出のリスクを避けるため、生産拠点を移転することから進展しました。こうして日本の製造業では海外生産比率は1986年には2.6％だったものが2011年には17.2％にまで上昇してい

きます。

　このように経済がグローバル化することによって、日本の企業は急速に工業化した新興諸国との競争に巻き込まれることになります。製品だけでなくサービスなどでも競争に対応しなければなりません。この環境の変化にたいして企業は、人材派遣会社から企業に派遣される非正規雇用者を増やすことで対応することになるのです。2009年までの5年間で契約社員と派遣従業員は3倍に増えています。

　グローバル化で大きく変動する環境のなかで、企業が多くの正社員をかかえていることは賃金と社会保険料など固定的負担を多く持つことを意味します。それよりは即戦力となる労働者を安いコストで必要なときだけ雇うことが有利です。逆に雇用される側では、派遣では不安定な立場を強いられますし、雇用期間が短いと技術や技能を十分身につけることができない、ということにもなります。日本経済団体連合会（日経連）など経営者団体では、新卒者を一括採用し定年退職の時期まで雇用する仕方をやめるという方針を打ち出しています。長期能力蓄積型と位置づけられた幹部社員だけを正規の社員とし、それ以外の一般職・技能職・営業職の人々については派遣社員のような短期雇用を増やすというのです＊。経済のグローバル化はこのような形で労働する人々のなかに新たな分裂をもちこんでいるのです。

　人々が自発的に仕事に従事し労働のうちに喜びを感じるのは、実行から分離された構想を労働現場で人々が取り戻すときでした。脱ベルトコンベア化はこのような意味をもっていましたが、日本ではQCサークル（Quality Control サークル、品質管理サークル）として広く普及していきます。それにより製品の不良率が減り生産性が向上したことはよく知られています。ところで、ここでもグローバル化の影響は入りこんでいます。自動車産業でも正規雇用ではない請負労働者が増えていて、品質の維持・向上が難しくなったといわれ「現場改善力」が低下しているとされるのです。

　またホワイトカラーの職場でも「成果主義」の導入が広まっています。工場で製品を作るときには成果を測る基準はありますが、ホワイトカラーの職

＊　「特集雇用無残」『週刊エコノミスト』毎日新聞社、2009年1月27日号。

場では「労働の生産性」はどうやって測定すればいいのでしょうか。決定的な指標は見つかりません。見つからないとすれば直接に生産性を向上させる方策はないことになりますが、グローバル化による競争激化のなかで企業はなにもしないでいることはできません。成果の基準としては収益・費用・利益が考えられますが、顧客満足度・市場占有率・納期待ち時間なども採用され、これらを指標とした人事管理が進められています。「成果とはなにかに着目することによって、仕事管理の仕組みの重要性が発見される」し、その発見によって企業の業績を向上させることができるというのです。その通りかもしれませんが、必ずしも指標化することのできない成果を評価する成果主義は別の目的ももっています*。

　年齢とともに上昇していくはずであった賃金のカーブを低く抑える。自動的に上昇していかないようにする、企業にとっての賃金コストはこうして抑えられるのです。

　フーリエの批判した文明社会での労働の不合理から私たちは半分解放されたのかも知れませんが、他の半分では文明社会の不合理にますます縛りつけられているようです。

▶▶▶ 参考文献

アレント、ハンナ（志水速雄訳）『人間の条件』中央公論社、1973年。
イリイチ、イヴァン（玉野井芳郎・栗原彬訳）『シャドウ・ワーク――生活のあり方を問う』岩波書店、1982年。
ウェーバー、マックス（大塚久雄訳）『プロテスタンティズムの倫理と資本主義の精神』岩波文庫、1989年。
内田義彦『資本論の世界』岩波新書、1978年。
ビーチャー、ジョナサン（福島知己訳）『シャルル・フーリエ伝――幻視者とその世界』作品社、2001年。
丸山恵也編『ボルボ・システム――人間と労働のあり方』多賀出版、2002年。

＊　中村圭介「雇用システムの継続と変化――知的熟成と成果主義」東京大学社会科学研究所編『失われた10年を超えて I　経済危機の教訓』東京大学出版会、2005年、161〜169頁。

IV

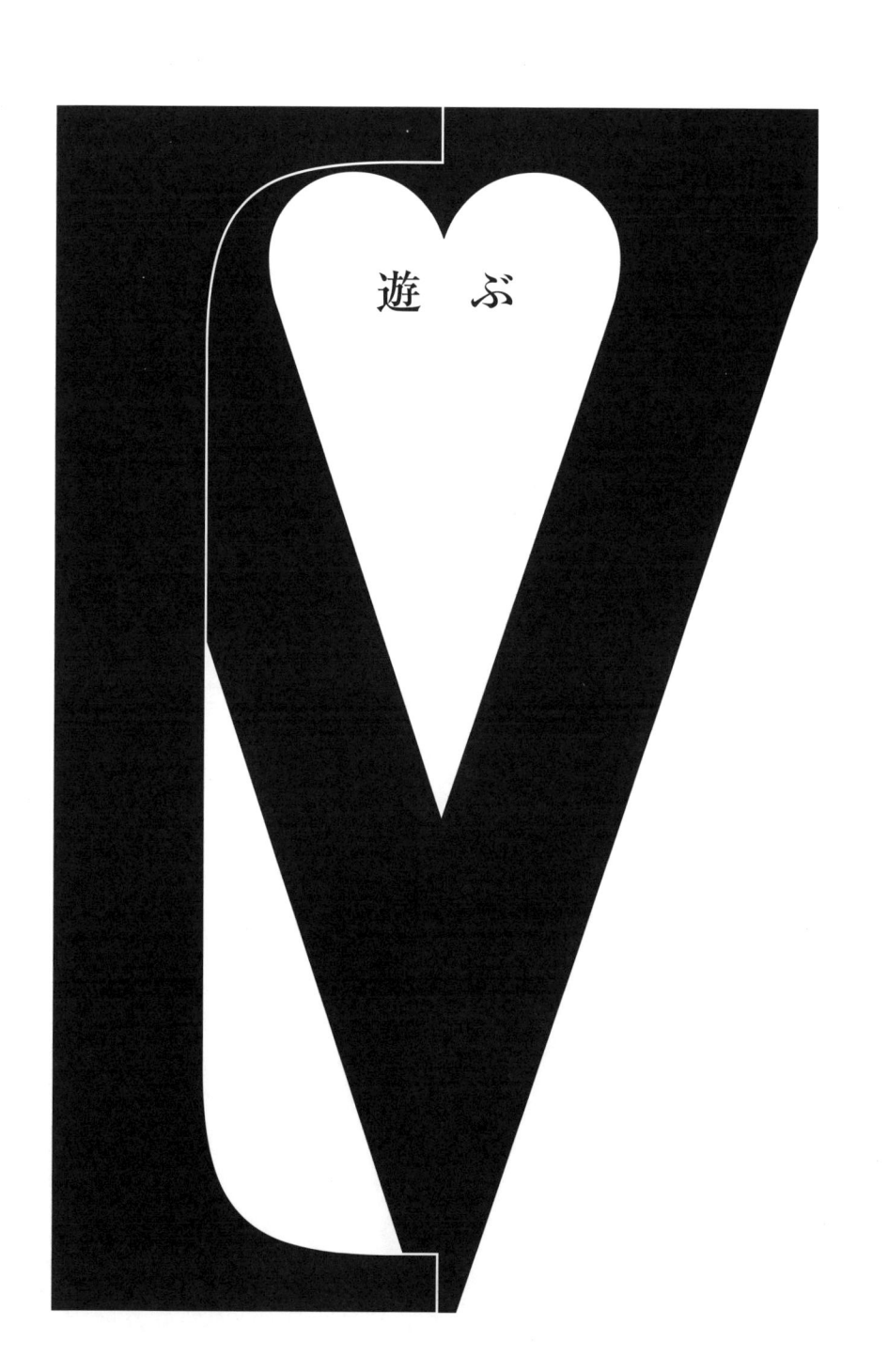

遊 ぶ

v

1
人間とは遊ぶ存在

1　遊びとは何か

遊びは手段ではない

　人はなぜ遊ぶのでしょうか。これまで哲学や心理学、教育学などさまざまな分野の知が、この問いに答えようとしてきました。たとえば、遊びとは、労働で消耗した精神を癒し、明日の活力を生み出していくための手段である、という考え方があります。レクリエーションとしての遊び、休養としての遊びという考え方です。たしかに私たちは、しばしば遊びで気晴らしをして、生産的な労働での集中力を高めようとします。

　しかし、遊びという現象の本質を、このように労働という目的に対する手段に限定してしまうのでは、遊びは労働にとって役に立つかぎりでのみ価値があるものになってしまいます。遊び本来の魅力、興が乗れば仕事などそっちのけで人を夢中にさせてしまう遊びの魅力は、「明日の労働」のための手段という生産中心の社会の価値にはるかに超えるものです。

　遊びは社会への適応能力を開発するための学習過程であるという考え方もあります。とりわけ子どもの遊びは、大人として生活していくために必要な能力を身につける予習であるというわけです。子どもたちは、遊びを通じてある種の社会性を身につけていきます。しかし、こうした見方も、遊びを成熟した人間になるための手段とし、そのために役に立つ遊びを「良い」遊び、そうでないものを「悪い」遊びとしてしまいがちです。

生命力の過剰あるいは痕跡

さらに、遊びとはあり余る生命力の過剰を放出することである、ともいわれます。動物が飢えや危険から自由なとき、そのあり余る力を目的のない消費のうちに遊ばせるのと同じように、人間も生活に余裕があるとき、余剰のエネルギーを遊びとして消費していくのだという考えです。

最初の二つの遊び観が、遊びを労働や教育といった目的に対する手段とするのに対し、ここでは遊びは過剰なエネルギーがもたらす結果とされています。たしかに、私たちは本当に疲れきっていたり、空腹だったりするとなかなか遊ぶ気にはなれません。しかし、時には疲れや空腹を忘れて遊びに没頭してしまうことも少なくありません。遊びが多量のエネルギーを消費するものだとしても、それは必ずしも生活の余裕から生まれる余剰のエネルギーだとはかぎらないのではないでしょうか。

この他にも、かつては生命を維持するために必要不可欠だった営みが、やがて不用になり、遊びという形で残存してきたという説、あるいは遊びは人間にとって先天的な模倣本能の現れなのだという説など、遊びについての考え方は多様です。しかし、これらはどれも遊びを遊び以外の何らかの目的や原因によって説明しようとしており、遊びがそれ自体として内包している構造や拘束力をとらえそこねています。遊びの理解にとって最も重要なのは、まさにこの後者、遊びがそれ自体として内包している構造や拘束力なのではないでしょうか。つまり人が遊ぶのは、それが何かの役に立つからではなく、それ自体として遊びが魅力的で、生き生きとした経験として遊ぶ者を引きつけるからなのではないでしょうか。

2　遊ぶ人間

文化と遊び

遊びを、それまでの因果論的な説明とはまったく異なる視点からとらえ、この現象の理解を大きく深めたのは、オランダの歴史家ヨハン・ホイジンガ（1872～1945年）です。彼の『ホモ・ルーデンス』は、あらゆる文化の根底には遊びがあること、文化はその端緒から遊ばれるものであったことを、豊富

図1　子どもの遊戯（ブリューゲル画）

Pieter Bruegel, *Children's Games*, Kunsthistorisches Museum, Vienna.

な例を挙げながら示しました。人間の文化は、遊びのなかで、遊びとして発生し、展開してきたのです。

　言語、神話、祭りといった人間の想像力の最も根源的な形態は、すべて遊びの活動を基盤にしています。言語の場合、どんな抽象的な表現でも、それを支えているのは比喩の働きですが、いかなる比喩のなかにも言語の遊びが隠れています。また、神話や祭りが創造する世界のなかにも、絶えず遊びの精神が息づいています。つまり、人間が共同生活を始めるようになったときから、人間のもつ行動（想像力）には、すべて最初から遊びが織り交ぜられていたのです。

遊びの定義

　ホイジンガは遊びを、何か別の目的や原因によって説明されるものではなく、そこから人間文化のすべてを照射していけるような「根源的な生の範疇」と考えました。彼が問うのは、他の文化現象の間で遊びがどういう位置を占め、どのような因果関係のなかで機能しているのかではありません。文化そのものがどこまで遊びの性格をもっているのかということです。

　ですから遊びへの問いは、目的／手段、原因／結果といった因果論的世界

観の外側に出なくてはなりません。むしろ、遊びから出発して文化全体をとらえ返す、社会と文化を「遊びの相の下に」見直していくことこそが必要なのです。

　ホイジンガによれば、遊びとは次のような条件を満たす活動のことです。まず、すべての遊びは何にもまして自由な活動です。強制された遊びは、もはや遊びではありません。また遊びは、一時的な活動の領域として日常生活から区別されており、それは日常の利害を目的としていません。遊びの目的はあくまで遊びそのものにあるのです。さらに、遊びの内部にはそれ固有の絶対的な秩序が存在しています。赤ん坊がガラガラで遊んでいるときにも、そこにはある規則性が存在し、それが動きにリズムを与えているのです。

　つまり、ホイジンガによれば、遊びとははっきり定められた時間、空間の範囲内で行なわれる自発的な行為もしくは活動です。それは自発的に受け入れられた規則に従い、その規則は受け入れられた以上は絶対的拘束力をもっています。遊びの目的は行為そのもののなかにあり、それは緊張と歓びの感情を伴います。またこれは、「日常生活」とは、「別のもの」という意識に裏づけられています。

ホモ・ルーデンス

　このような視点が重要なのは、それが、従来の遊び論で暗黙の前提とされていた遊びの従属的な位置を、まったく逆転させてしまったからです。彼は、「遊び」と「まじめ」を対立させようとする考えに反対します。遊びは実際、いかなる活動よりも本気で追求されるのです。私たちはふだん、「所詮これは遊びだよ」という言い方をするとき、「遊び」という言葉をどうでもいいこと、本当は意味もないことであるかのように使います。しかしホイジンガによれば、人生の意味や文化の意味は、まさに遊びを通してこそ生成するのです。遊びのないところに真に充実した意味を見出すことはできません。遊びこそ文化や人生、そしてすべての意味ある世界の母胎といえましょう。ホイジンガの「ホモ・ルーデンス」、すなわち「遊ぶ人」は、「遊び人」という言葉がしばしば蔑称として用いられるのとは正反対に、私たち人間すべての原型を示しているのです。

2
関係としての遊び

1　遊びの類型

遊びと聖なるもの

　ホイジンガと並び、遊びに関するもう一つの代表的な研究に、フランスの社会学者ロジェ・カイヨワ（1913～1979年）による『遊びと人間』があります。同書のなかでカイヨワは、ホイジンガの研究を高く評価しつつも、以下の二点で、彼への批判を行なっていきます。

　第一点は、遊びと聖なるものの関係です。ホイジンガは、遊びの要素が祭りや神話などの聖なるものの領域に、いかに浸透しているかを示し、またチェスやトランプがどう聖なる起源をもっているかを示すことによって、聖なるものもまた、遊びの一つの現れであったことを論証します。これに対してカイヨワは、確かに遊びと信仰の諸形態が、日常生活の流れから慎重に自分を切り離している点は同じだとしても、日常生活に対してそれらが等価的な位置を占めているとも、またそれゆえに同一の内容をもっているともいえないと主張するのです。

　カイヨワによれば、遊びと聖なるものは、ともに日常の外部にある点で似てはいても、内実はまったく対照的です。一方で遊びが無限の意味の多様性へと向かうとすれば、聖なるものは究極の超越的な意味へと求心化されます。遊びはその多様性において、日常や聖なるものよりも自由ですが、聖なるものはその超越性において、日常や遊びに先行しています。こうしてカイヨワは、ホイジンガによる遊びと聖なるものの同一視に代えて、「聖／俗／遊」という三元論を展開していくのです。

カイヨワによるホイジンガ批判の第二点は、ホイジンガが遊びを「どんな物質的利害とも結びつかず、何の効用も織り込まれているわけでもない」としたことに向けられます。このような考えでは、彼が「偶然の遊び」とよぶ賭博やカジノ、富くじなどの金銭的な利害と密接に結びついた遊びが、最初から周辺部にしめ出されています。これに対してカイヨワは、偶然の遊びを遊びにとって必須の柱と考えます。ホイジンガは遊びの世俗性に対しては否定的でしたが、カイヨワはむしろ世俗性のなかに遊びの諸相を見出そうとしていきます。

遊びの四類型

こうしてカイヨワは、「アゴン」「アレア」「ミミクリ」「イリンクス」という遊びの四類型を提示していくのです。まず「アゴン」とは、競争ないし闘争という形をとる一群の遊びです。陸上競技やゴルフ、野球、サッカーなどのスポーツ競技はその典型です。また、チェスや将棋、囲碁といったゲームも、この類型に属します。アゴンにとって重要なのは、勝負の始めにチャンスが平等に保証されていることと、競技者のたゆまぬ努力や勝利への意志、能力が、結果に決定的な影響を及ぼすということです。

これに対して「アレア」とは、偶然の遊びです。サイコロやルーレット、富くじにみられるこの遊びの場合、勝負の始めにチャンスの平等が保証されている点ではアゴンと同じなのですが、遊戯者の関わり方は正反対です。アレアは、努力、訓練、忍耐、能力といった価値を否定し、参加者に偶然の運命に身をゆだねることを要求します。カイヨワは、「アゴンにおいては、遊戯者は自分だけを頼りにする。アレアにあっては彼は自分以外の一切を頼りにする」と述べています。

他方、「ミミクリ」とは、もともと昆虫の擬態を表わす言葉ですが、彼はこれを、遊戯者が架空の人物になり、それにふさわしく行動する遊びを示す言葉として用いています。様々なものまね、子どものままごとや「ごっこ」から演劇までを含め、ここでは演じることが楽しみの源泉となるのです。

最後に、「イリンクス」とは、眩暈(めまい)の遊びです。コマ遊び、ブランコ、ジェット・コースター、そしてツイストやゴーゴーにみられるこの種の遊び

日常にあふれています。この遊びは、一時的に知覚の安定を破壊し、意識を感覚的に混乱させ、遊戯者を受動的な状態におきます。

遊びの組み合わせと文明

カイヨワは、遊びの四つの類型を提示した上で、今度はそれらがどのように結びつきうるかを検討します。

たとえば、アゴンとアレアは規則と計算の領域です。あらかじめ合意されたルールがなければ、アゴンのような競争の遊びも、アレアのような偶然の遊びも成立しません。他方、ミミクリとイリンクスは、脱規則の混沌と即興を伴います。遊戯者たちは明示的なルールに従うよりも、即興的にふるまいます。

そして、これら二つの領域で、遊戯者は対照的なあり方をしています。アゴンの遊戯者が自分の能力や意志をよりどころとするのに対し、アレアの遊戯者はそれらを放棄します。ミミクリでは、遊戯者が、演じていることに意識的ですが、イリンクスではむしろ、あらゆる意識は混沌のうちに溶解します。つまり、一方の遊戯者が能動的で意識的であれば、他方は受動的で無意識的なのです。

カイヨワはさらに、こうした遊びの諸類型を人間社会の文明化と結びつけていきます。すなわち、文明化とともに遊びの世界も、仮面と恍惚を中心にしたものから、能力の運を中心にしたものへと移行します。カイヨワによれば、未開社会では一般に、仮面と憑衣、すなわちミミクリとイリンクスとが支配しています。これに対し、中国やローマなどの古代帝国は、官僚機構、職歴、法規と計算法、管理された階級的特権などを特徴とする秩序社会であり、アゴンとアレア、すなわち能力と偶然が社会的機能の重要モメントとなっていくのです。

2　遊ぶと共同性

遊ぶとふれる

カイヨワの指摘にもあるように、遊びのなかでも混沌と即興の遊びは、規則や計算の遊びよりも古い、より基底的な層をなしています。そこにおいて

遊びの秩序は、一つひとつの相互的なリズムとして生起し、ヒトとヒト、ヒトとモノの間を揺れ動いていきます。そしてこの遊びの流動性、相互的なリズムの生成は、遊び全体に通底する基層でもあるのです。

このような遊びの基底をなす感覚を要約するなら、「ふれる」という言葉が最も適当なのはないでしょうか。ハンス・G・ガダマー（1900〜2002年）は、遊びとは「どこで終わるのか目標のはっきりしない、あてのない往復運動」であるといいます。この場合、「遊びの主体は遊ぶ者ではなく、遊び者を通じて遊びが現れるにすぎない」のです。波の戯れとか、光の戯れという言葉が示すように、私たちは遊びというさざ波のなかで戯れ、自らも遊ばれていきます。遊ぶことは遊ばれることであり、遊ぶと遊ばれるの間を往還することです。

「ふれる」の相互性

「ふれる」という言葉に関しては、坂部恵（1936〜2009年）が興味深い指摘をしています。すなわち、ふれる以外の五感を表わす言葉は、色を見る、音を聞く、匂いをかぐ、甘さを味わうというように、必ず対象を示す助詞として「を」をとるのに対し、ふれるだけは、決して「〜をふれる」とはいいません。このことは、見るものと見られるもの、聞くものと聞かれるものといったような主体と客体が分離されている他の感覚に対して、ふれることが、ふれるものとふれられるものの相互に交わり、入れ替わるような場の生起を示していることに起因します。

同じことは、五感のそれぞれと「分ける」や「知る」という言葉との結合でも指摘できます。見分ける、聞き分ける、あるいは見知る、聞き知るという言葉が頻繁に使われるのに対し、ふれ分ける、ふれ知るとはいいません。ふれるという言葉の未分節性・パトス性と、分けるや知るという言葉の分節性・ロゴス性とが背反するからです。「ふれる」という言葉は、主体と客体、自己と他者、内部と外部の境界が未分化な状態のもとで、たえず力点が振動し、往還し、反射していく、そうした場のイメージと切り離すことができないのです。

聖なるものにふれる

　しかし、「ふれる」という言葉をさらに考察していくと、もう一度、ホイジンガとカイヨワが対立していた遊びと聖なるものの関係に立ち戻ることになります。というのも、ふれるという言葉には、単に「ここ」と「そこ」との水平的な往還だけでなく、超越的なものとの間での垂直的な往還、すなわち神との交感というような意味が同時に含まれているからです。

　坂部恵も、ふれるということが、単に脱中心化された身体のありようを示すだけでなく、「すべての感覚による弁別ないし差異化の根底にあって、それらすべてを活性化する宇宙の力動的場の、全体的布置の一つの切り口との出会い」を内包していることを指摘しています。すなわち、ふれるという経験は、時として「日常の構造安定的な世界といわば垂直に交わる形而上学的世界、縦の次元、いってみれば日常的生活世界空間がその次元の微分方程式によって生成されるような垂直の次元、深さの次元とのふれ合い」を表すのです。

　たとえば、「たまふり」という言葉があります。「たま」は霊魂を意味し、「たます」と動詞形になると、共同体の成員たちに神からの「賜り」物である収穫物を分配することをも、意味していました。つまり、「たま」という言葉のなかには、直接には一人ひとりの人間に分有され、なおかつ神との関係において保証されている共同性が表現されていたのです。

　したがって「たまふり」は、単なる鎮魂、死者の魂をよび寄せて鎮める過程だけでなく、分有された共同性がふれ合い、そのなかで聖なるものとの結びつきが更新されていく過程総体を含んでいます。

　また、私たちは「気がふれる」といういい方をします。「気」とはもともと、気が合う、気が通じるというように、特定の主体や客体に還元されない相互性を示します。ですから「気がふれる」とは、能動と受動、自と他などの区別を超えた流れのなかに主体がのみ込まれてしまっているような状態です。私たちの日常の安定した世界からするなら、それは現実感覚の喪失であり、無意味な生への脱落であるかのようにみえるかもしれません。しかしながら、狂気は分節化された世界の辺縁にありながら、時には自明化した現実を相対化する可能性も含んでもいるのです。

3
遊びの基層と変容

1　子どもたちの遊び

「遊ぶ」の儀礼性

　遊ぶことがもともと有していた「ふれる」という位相を再確認させてくれるのは、「遊ぶ」という言葉自体についての戸井田道三（1909～1988年）の指摘です。彼は『古事記』で、天若日子が死んだとき、その妻子らが悲しんで葬祭を営んだ記事に、「八日八夜のあいだ遊んだ」と書かれていることを例に、「遊ぶ」ということは、今の遊ぶとは違って、死者を復活させるための呪術的歌舞を意味していたのではないかと述べます。

　同様の例は『伊勢物語』にも見られ、そこでは口に出せず恋わずらいで死んだ娘のために、恋人が夜籠りをして遊んだことが書かれています。ここでも遊びとは、死者が離れ去っていくのを、もとに戻そうとするものだったのです。

　つまり、遊びという言葉には、単なる娯楽という以上に、他界との交感という呪術儀礼的な意味がつきまとっています。「ふれる」であれ、「遊ぶ」であれ、少なくとも端緒には、閉じた無目的の活動としてあっただけではなく、生の超越的な次元の出現を促し、混沌のうちにそれと交感していく共同的な過程として存在していたのです。

かごめかごめと神降ろし

　こうした遊びと聖なるものの関係は、ごく最近まで、子どもたちの遊びに受け継がれてきました。子どもたちの遊びにみられるこうした面は、早くか

ら民俗学者の柳田国男（1875〜1962年）が注目していました。たとえば彼は、「かごめかごめ」が、もとは神降ろしの儀礼から派生したものであると言います。「かごめかごめ」という歌は、もともとは身を屈めよ、しゃがめしゃがめという意味でした。それをこの遊びでは「鳥の鷗のやうに解して篭の中の鳥といひ、篭だからいつ出るかと問ひの形をとり、夜明けの晩などというあり得べからざるはぐらかしの語を使って」、一度に座ることになったのです。

しかも、「かごめかごめ」に似た遊びは全国いたるところに見出せます。たとえば、「中の中の小坊さん／なァぜに背が低い／親の逮夜にとと食うて／それで背が低い」と歌いながら、子どもたちが輪になってぐるぐる廻り、最後に「後ろにいる者だァれ」といってあてさせる遊び、あるいは輪になった子どもたちが、「中の中の」の代わりに、「御乗りやァれ地蔵さま」と歌いながら廻る遊びも、その一つです。

この最後の例には、この種の遊びの原型的な姿がわかりやすく示されています。「御乗りやァれ地蔵さま」とは、その子に乗り移ってください、という地蔵さまへのよびかけです。こうしたよびかけを繰り返しながら輪が廻るうちに、真ん中の子どもは、だんだん催眠状態になっていきます。そうなるとまわりの子どもたちは、「物教えにござったか地蔵さま／遊びにござったか地蔵さま」と唱え、歌ったり踊ったりしながら、紛失物などのありかを尋ねたりしていくのです。

こうした地蔵遊びは、昔は田植え休みなどに若い男女が集まって遊んだこともあり、「まん中にややお人よしといふやうな若い者を坐らせ、ほかの者が輪になって何か一つの文句をくりかへしくりかへし唱えてゐると、しまひには今いふ催眠状態に入って、自分でなくなって色々な返事をする」ようになり、男女の恋など罪もないことを尋ねて楽しんだといいます。つまり、これは昔は広く行なわれた一種の神降ろしの儀礼なのであって、そのまねを子どもたちが繰り返し、形だけはごく最近まで継承されてきたのです。

鬼ごっことかくれんぼ

「かごめかごめ」と同様のことは、他の様々な遊びについてもいえます。

たとえば鬼ごっこは、「鬼ごっこには、その表面の子供っぽい無邪気な騒ぎのかげに贖罪のいけにえを定める恐ろしい選択がひそんでいた」とカイヨワも書いた通り、異界的な力への共同体の感染、いけにえの儀礼のような呪術的な世界経験と密接に結びついていました。

また藤田省三（1927～2003年）は、かくれんぼにおける「『隠れる』という演技は、社会からはずれて密封されたところに『籠る』経験の小さい軽い形態なのであって、『幽閉』とも『眠り』とも、そして社会的形姿における『死』とも比喩的につながるもの」であったといいます。かくれんぼでは、鬼のほうは誰もいなくなった空漠たる荒野を彷徨し、他方は狭い穴にこもります。いずれの場合も、人為的に社会から隔離されるわけで、そうした境界的状況の不安定性が、逆にこの遊びの魅力となっています。そして、鬼は隠れた者を発見し、隠れた者は鬼に発見してもらうことで、社会の側に復帰するのです。

2　旅～聖なるものとの交流

江戸時代の旅

遊びと聖なるものとの密接な関係を示しているもう一つの例として、江戸時代の旅をあげておきましょう。この時代、貨幣経済の発達や宿駅制度の整備、参勤交代に伴う街道交通の発達に促され、旅は急速に町人や農民たちの間にまで浸透していきました。

長崎の外国人が書き残した代表的な旅行記の一つ、E・ケンペル（1651～1716年）の『江戸参府旅行日記』は、「この国の街道には毎日信じられないほどの人間がおり、二、三の季節には住民の多いヨーロッパの都市の街路と同じくらいの人が街道に溢れている」と、当時の街道のにぎわいを描写しています。確かに関所のチェックは厳しく、誰もが自由に旅行できるわけではありませんでしたが、幕藩制の確立は、旅に伴う様々な危険を、以前とは比べものにならないくらいに減少させたのです。

そして、こうした江戸時代を通じての旅の普及が、化政期には頂点に達し、十返捨一九（1765～1839年）の『東海道中膝栗毛』や安藤広重の（1797～1858

年)『東海道五十三次』のような作品を生み出していきます。特に、このころの庶民の旅の代表は伊勢参りでした。ケンペルも、「この参詣の旅は一年中行なわれるが、なかでも春が盛んで、それ故街道はこのころになると、もっぱらこうした旅行者でいっぱいになる」と観察しています。

おかげまいり

そして、このような伊勢参りを成り立たせている基層の構造が最もドラマティックに現出するのが、「おかげまいり」とよばれる全国的な巡礼運動に他なりませんでした。このときには、数百万の人々がわずか数カ月の間に全国から伊勢を目指して集まってきます。おかげまいりは、江戸時代を通じほぼ60年周期で、慶安、宝永、明和、文政と4回起きていますが、これ以外にも中小規模の群参現象は何度か起きていたようです。おかげまいりの特徴として、とりあえず三つのことを指摘しておきましょう。

まず第一に、おかげまいりは、子どもたち、すなわち年少奉公人層の抜け参りによって引き起こされます。抜け参りとは、親や主人の許しを得ないで突然参詣に出かけることで、おかげまいりではこの抜け参りが流行し、大衆的な運動となるのです。そしてそれを担ったのは、子どもや女性を中心とする、ふだんは伊勢参りをしたくてもできないような層でした。例えば宝永のおかげまいりは、洛中の7〜8歳から、14〜15歳くらいまでの子どもたちが、数人ずつ抜け参りを始めたところから始まったといいます。また、明和のおかげまいりは山城で抜け参りを契機に拡大しますが、これに参加したのは「男は一向無之、何れも女又は子供にて御座候」と、当時の記録は書いています。さらに文政のおかげまいりも、阿波の手習屋にいた子どもたちが集まって参宮を始めたのがきっかけであるといいます。

第二に、おかげまいりが広範に拡大していくとき、触媒的な役割を果たしたのが、御札降りという奇蹟です。確かに、伊勢神宮の『神異記』などでは、まず御札降りがあってから群参が始まったことになっていますが、実際には御札降りは必ずしも運動の発端そのものではなかったようです。それでも一度群参が始まると、それを助長するかのように各地で御札降りの噂が聞かれるようになりました。御札とは伊勢神宮が頒布した御祓いのことで、近世に

はもっぱら御師によって持ち運ばれ、「大麻」とよばれて全国に家々の神棚に飾られていました。この御札が天から降ってくるとすれば、それは何らかの神意の顕われ、吉兆であるという認識があり、この神意に応えるために人々は参宮に出かけたのです。

　第三に、こうしておかげまいりが、まさに大衆的運動として盛り上がっていくと、沿道の町々では「施行」という施しが行なわれていくようになります。前述のように、おかげまいりはまず子どもの抜け参りの多発として始まるわけですが、彼らは突然、何の許しも得ずに参宮に出るわけですから、路銀も乏しく旅の準備も十分ではありません。道中で助けを請いながら、何とか旅を続けていくことになります。そしてそれが可能だったのは、街道沿いの町々が施行という形で積極的に対応したからです。人々は富裕層を中心に、旅人たちに米や銭、草鞋や菅笠を与え、宿を提供し、駕籠や馬の便宜を図っています。彼らは、単に「子どもたちがかわいそうだから」という理由で施行を行なったのではなく、むしろ、そうすることで、おかげまいりの興奮に自らも参加していったのです。

混沌とした遊びの世界

　さて、このようにして拡大したおかげまいりでは、日常とは逆の世界が現出します。当時の文書は、慶安のおかげまいりについて、人々が白衣を着て参宮しているのを「頗ル葬礼ノ服ニ不異、誠ニ不吉ノ禁忌之由」と評しており、男が女装し、女が男装することもしばしばでした。そしてこのような世界の反転は、日常的な規範からの解放とグロテスクで猥雑なエネルギーの復活を伴っています。

　明和のおかげまいりについて記した本居大平の『おかけまうての日記』は、参詣の群集が仲間の目印に幟を立てる際、その絵柄として「さるはいとあさましく、あらぬものゝかたち」などを描いたことを伝え、「さるはをこがましくて、からはにはえこそまねばね、たゞ思ひやるべし」と述べています。幟の絵だけではありません。彼らは「物のかたちをことさらにもつくり出て、杖のさきなどにさして、口々に、大ぐちとていみじきことどもをいひはやしつゝ、或は手打ちならしなどもして、うきたちて、わかきをのこは、さらに

もいわず、おきなおんな、又物はぢしつべきわかきをんなまで、よろづをうちわすれて物くるほしく、かたはらいたく、世にうつし心とも見えず、萬にたはれつゝ行かふさま」でありました。それはまさに、群集が互いにふれ合うことのなかから現出させていく、混沌とした遊びの世界です。そしてこの世界こそ、時間を再生させ、秩序を生成していく根底的は契機なのです。

3　現代社会のなかの遊び

テレビゲームと子どもたち

　遊び本来の相互性や垂直性、日常の安定的な構造を揺さぶり、聖なるものとも交流していく遊びの契機は、近代化のなかで大きな変化を遂げてきました。

　特に高度経済成長以降、子どもたちの遊びの世界には、新しい情報技術や商業空間の出現によって根本的な変化がもたらされてきました。たとえば、テレビゲームの爆発的な普及がその一つの例です。1980年代以降、一般家庭にゲーム機が広く普及していくことにより、テレビゲームは完全に日常の遊びの一つとして子どもたちの世界に入っていくことになりました。

　テレビゲームの世界は今日、非常な勢いで複雑化し、歴史上のあらゆる時代、あらゆる空間、これまで人間が想像してきたあらゆる物語を、シミュレーションすることができるようになっています。そして、ここに再現された世界のなかで、子どもたちは様々なタイプの主人公を演じていくのです。ただしそれは、最初からプログラムされた自己完結的な世界です。

　子どもたちは、さかんにゲームの裏技（プログラムのバグ）についての情報を交換しますが、遊びそのものは、完全にゲーム機の画面と個々の子どもとの間で閉じられています。子どもたちが集まって、互いにふれ合うことのなかから新しい意味が生成してくるという遊びのあり方ではありません。つまり、ここで遊びを支えているのは、子どもたちの集合的な身体性ではなく、あくまでインプットされたプログラムのほうです。主人公はゲームのなかで、様々な場面に遭遇し、経験を積んでいきますが、その経験は最初からプログラムのなかに書き込まれた、数値化されている「経験」でしかありません。

東京ディズニーランドという「遊び場」

　同様の遊びの世界の変貌は、私たちが生活する都市でも進行しています。たとえば東京ディズニーランドでは、若者たちは、構造的に閉じられた世界としての「夢の魔法の王国」を楽しんでいます。

　東京ディズニーランドを概観するとき、まず目につくのはその空間的な自己完結性です。ここでは、建物、土手、木々などの障害物によって中からは外の風景が見えず、園全体が周囲から切り離された、閉じた世界を構成しています。周遊している人々は、決して自分が浦安という町の片隅にいることを意識しないし、大都市東京の郊外にいることすら忘れているでしょう。人々の視界のなかに外部の異化的な現実が入り込む可能性は最大限排除され、演出されるリアリティーの整合性が保証されているのです。

　さらに、東京ディズニーランド内の障害物は、園内において観客が個々の領域を超えて端から端まで見渡すことをできないようにもしています。それぞれの「ランド」の領域は、それぞれ独立した世界として封じられています。相互に浸透して曖昧な領域を形成することもないし、また、すべてを見渡すような特権的な地点の存在も認められていないのです。

　東京ディズニーランドのアトラクションを秩序づけているのは、それぞれ完結した場面のシークエンスであり、観客たちのまなざしは、個々の領域や場面が提供する物語のなかに封じ込められ、そこから外に出ることはありません。

　こうした自己完結的な空間の構成は、東京ディズニーランドだけにかぎられたことではありません。同じような演出が、都市全体にも広がっていきました。つまり、地域が育んできた記憶の積層から「街」を離脱させ、閉じられた領域の内部を、分割された場面の連続的な経験として劇場化していくこと、そうすることで遊びを自己完結的にプログラムしていくこと。こうした戦略が、テレビゲームの世界と都市の両方で、1980年代以降に広がっていったのです。

携帯電話と個室化された世界

　さらに1990年代以降、携帯端末の爆発的な普及が、遊びの世界はもとより私たちの日常を大きく変えました。今日、街を歩いていても、電車のなかでも、レストランやホテルのロビーでも、私たちの周囲でなんと多くの人々がこの小さな道具を手にしていることでしょう。

　友人たちとの間で自慢の最新の携帯グッズを見せあう高校生、忙しそうに着信したメールをチェックする大人たち。人々は、それぞれちょっとだけ「個性的」な自分だけの着信音を鳴らせ、電車のなかでも小声で話し、街中では携帯で連絡を取りながら待ち合わせ場所を決めています。今日すでに、この携帯端末での絶えざる接続を抜きにしては、私たちの多くはもはや毎日の生活が成り立たなくなっています。

　数値的に振り返るならば、携帯電話は、1993年度はまだ約200万台と、国民一人当たりでは2％にも満たない加入率でしたが、94年頃から急速に伸び始め、94年度には433万台、95年度にはPHSも含めて1171万台、96年度には2691万台、97年度には3825万台、98年度には4731万台というように、毎年2倍以上、あるいはそれに近い爆発的な勢いで普及してきました。こうしてすでに99年度の間に一人当たりの加入率も40％を超え、ほぼ二人に1台は携帯電話を所持するようになりました。90年代後半の携帯電話のこうした急激な伸びは、ＮＴＴの加入電話数が1996年以降下降に転じているのと対照的です。

　とはいえ、携帯電話の爆発的な普及につながっていく諸々の変化は、すでに80年代から一般の電話の機能やその使い方のなかに現れてきていました。その一つは、コードレス電話の普及です。もともと電話は、従来の家庭空間の側から見るならば、見知らぬ第三者の声が家庭のなかに侵入してくる戸口に当たっていました。またそれは、家族の誰かがそっと声で外とつながっていくことのできる窓でもありました。つまり電話は、声という次元で家庭が外の社会と交わる出入口をかたちづくっていたのです。ですから当初、このような「戸口＝窓」としての電話が、しばしば物理的にも家庭と社会が接する玄関口に置かれていったことには、それなりの理由があったわけです。

　ところが、この電話の位置が、電話利用の日常化とともにしだいに応接間や台所、リビングルームへと移動します。この電話の内部化は、親子電話や

図2 たまごっちを首からさげる子どもたち

少しだけ「個性的」である点は携帯電話と同じ。

コードレス電話といった機能的拡充に伴い、いっそう進行していきます。電話はやがて、両親の寝室や子ども部屋にも置かれ、家族の成員ひとりひとりを直接、外部の他者と結合し始めるのです。このようにして、家族のひとりひとりが自室の電話でいつでも外部の相手と出会えるようになると、家族の共同性が営まれるべき場としての家庭は、物理的には閉じていても、しだいに電子的には分解し、広域的なネットワークの端末群を成していくことになったのです。

　もちろん、変化は電話においてだけ生じていたのではありません。80年代以降の社会は一貫して、私たちの身体を特定の場所との結びつきから解き放ち、どこにでも移動でき、あらゆる空間に遍在するものに変えてきました。こうしてウォークマンは、ステレオが応接間と結んでいた関係を解体します。同じように、任天堂の「ファミコン」によって街角のゲームセンターから家庭の居間に移動したテレビゲームは、やがて「ゲームボーイ」や「たまごっち」としてどこへでも連れ歩ける存在となっていったのです。

メディアに埋め込まれる身体

　以上のような変容のなかで、今日、緩衝地帯となる何らかの社会集団の媒介なしに個別の身体がメディアに直結されています。70年代まで、ラジオやテレビ、電話などは、視聴者や通話者に仲介なしに接続されていたのではありません。テレビの場合、ブラウン管の人物が呼びかけていたのは、まずは誰よりも「お茶の間のあなた」、家族の一員でした。そこでは家族が、メディアと私たちが接続されていく際の緩衝地帯となっていました。パーソナルな電話ですら、玄関や食堂に置かれていた頃は、誰もが家族の目を気にしながら通話していました。

　ところが、80年代以降、私たちの身体は、いかなる緩衝地帯もなしにメディアに埋め込まれていきます。逆にいえば、私たちの身体は、さまざまなメ

ディアの作用にひどく無防備にさらされているのです。実際、私たちは、携帯電話などのメディアを通じてつながれていくことではじめて「一緒にいる」と感じることができるようになってきています。つまり、メディアの媒介なしには、自分たちが「私たち」という共同の存在であることを想像しにくくなってきているのです。

　この逆転は、かつて遊びが基盤にしていた「ふれる」という経験の位相を、きわめて困難にしています。テレビゲームのように与えられたプログラムから外に出て、あるいは携帯端末のようなメディアに頼らずに、今日の若者たちは遊ぶことができなくなっているのではないかという危惧があります。現代とは、遊びの時代であるというよりも、遊ぶことがますます困難になっている時代かもしれないのです。私たちは、パッケージ化された「遊び」があふれる社会のなかで、もともと遊びの世界を豊かにしていたはずの経験を失っているのです。

4
遊びとスペクタクル

　商品としての「遊び」の氾濫
　確認しておかなければならないことは、遊びとは決して、何か消費されたり習得されたりする対象なのではない、ということです。たとえば私たちは、野球やテニス、将棋や麻雀をして遊びますが、厳密にいうなら、これらのスポーツやゲーム自体が遊びなのではなく、そうした活動をしているときの関係のあり方、身体の状況が遊びなのです。したがって、もしもこれらの活動が、消費されるだけの商品や、学習されるだけの課題になってしまうならば、それはもう遊びではありません。
　しかし、今日、私たちの前には、無数の商品化された「遊び」があふれ、私たちを誘惑し続けています。しかし、それらの多くは、あらかじめ自己完結的にプログラムされたものです。これら「遊び」を消費することは、遊ぶことの共同性とは大きく隔たっています。このような状況のもとで、私たちは消費としての遊びではない、創造としての遊びへの回路を、どう見出していくことができるのでしょうか。
　遊ぶことの自由とは、遊びを選択することの自由なのではなく、遊んでいるとき、日常の固い殻がやぶれ、思わず自分を超えた共同性のなかへと超出してしまうことの自由です。遊びの理解が人間学にとって欠かせないのは、遊ぶという関係が、意味を生成させていく母胎であり、したがって文化の原基でもあるからです。そのような自由が、今日、消費社会のなかでの「遊び」の氾濫にのみ込まれ、息も絶え絶えになっているのかもしれません。「遊び」は今日、かつて生産拡大が努力目標であったのと同じように、努力して身につける能力とみなされてもいるようです。それに対応して「遊び」

は、容易に購買し消費することのできる商品として大量に生産されています。

「遊び」と「祭り」の復活？

ふり返るならば、ホイジンガらを先駆としつつ、私たちの価値観が大きく揺らいでいた1960年代は、学問的な地平で「遊び」や「祭り」への関心が一気に復活してきた時代でした。

たとえば、この時期の知的関心をよく表出している本の一つにハーヴェイ・コックス（1929年～）の『愚者の饗宴』があります。学生運動が世界的に頂点に達した興奮の時代に書かれたこの本は、近代における「祭り」や「遊び」の著しい衰退と再生という構図のなかに同時代の若者たちの反乱を位置づけました。コックスは、人間とは、その天来の性分において歌い、踊り、祈り、物語り、祝う存在、つまり「祭るひと」(homo festivus) なのだといいました。

彼の主張するところでは、祭りは人間に自分の時とかかわらせ、歴史と永遠に対する関係を再建させる機会です。それは間違いなく、時間的存在としての人間とその文化にとって最も根底的な契機なのです。近代は、このような祭りに対する人間的能力を一貫して退化させてきました。もちろん、現代人の生活にも「遊び」や「祭り」はあります。私たちはパーティやスポーツの試合を楽しみます。しかし、「人々は不安に駆られ、また脅迫されて、楽しい時を持とうとしているかのよう」です。クリスマスイブにデートをしないことを、若い男女にとって取り返しのつかない悲劇であるかのように感じてしまう意識は、祭りとしてのクリスマスを楽しむ意識とは異なります。

1960年代末、このような近代の意識に反乱が生じました。人々は「祭りと空想の精神の再誕生」を目の前にしていたのだといいます。「われわれは、年中行事としての愚者の饗宴を持っていないが、過ぎし日に生きていた生活の肯定と、ふざけた非礼さが、再びわれわれの時代にいぶきをあげ始めている」と前述の本の著者は主張しました。彼は、学生運動からヒッピーまでの60年代のカウンターカルチャーの台頭を前にして、われわれは「大がかりな文化のルネッサンスへの序曲を見、産業化の中で数世紀にわたって飢え、抑えられてきた能力が再び育まれ、評価される人間の感覚の革命を見ている」

と論じたのです。同じような祝祭賛美、遊びの精神の復活宣言は、同時代の多くの論客に見出せます。

氾濫するスペクタクルのなかで

しかし、今では明らかなように、「遊び」や「祭り」への知識人たちの熱狂は、1980年代までには冷めたものとなっていきました。80年代以降、「祭り」や「遊び」を語ることは、社会の管理システムを侵犯し、民衆的なエネルギーを奪還するどころか、むしろ消費社会的な局面へと展開した現代の資本主義に最も適合的なイデオロギーとなっていったのです。

すでに60年代、フランスの批判理論家ギイ・ドゥボール（1931〜1994年）は、現代における生活総体のスペクタクル化を告発していました。彼の論ずるところでは、「現代という時代は、本質的にはその時間を多種多様な祝宴の迅速な回帰として自己に示す時代であるが、実際は祝祭なき時代」です。だからこそ、「現代の余分な生の時間は、スペクタクルのなかで、その使用価値が縮小された分、いっそう高く己れの価値を吹聴しなければならない」のです。彼は、「時間の現実は時間の広告に取って変わられた」のだとも論じていました。「祭り」への人々の関心は、やがて大資本が演出するスペクタクルへの欲望に置き換えられていったのです。

もちろん、ある「遊び」がスペクタクルとして消費されるものだからといって、そのことでその遊びの遊び性、これまで述べてきたような関係としての遊びの本質が完全に否定されてしまうわけではありません。都会でのスポーツにしろ、海や山のレジャーにしろ、それらの遊びに私たちが惹かれるのは、たとえ商品であっても、やはりそのなかにある自由な関係性、遊ぶことの自由を感じるからです。そしておそらく、現代では商品化されていない遊びを探し出すことのほうが、きわめて難しいのです。

遊びの自由を考え直す

ですから、実際に私たちにできることは、商品としての遊びを最初から拒否することではなく、商品として溢れる遊びに対し、自分が自由でいられる距離を保っていくことくらいなのかもしれません。しかし、そのときに重要

なのは、この章で述べてきたような遊びの根源に立ち返り、人間にとって遊ぶことの重要さを深く理解していくことです。遊ぶことの自由とは、他人から自分を切り離してしまう自由ではありません。他者や社会的な関係性のなかで、自己と他者の関係を流動的にして、新しい関係や価値を作り出していくことのできるような自由です。ホイジンガやカイヨワ、あるいはかつての子どもたちの遊びは、そのような遊びの集団的想像力の源泉について多くのことを教えてくれました。

本章を読まれたみなさんには、ぜひ、これまで学んだことを踏まえながら、21世紀の社会のなかでの遊びのデザインを考えてみてほしいと思います。私たちの社会は、高度に発達した情報社会で、消費社会です。したがって、私たちの遊びの世界は、今後もますます情報メディアに取り巻かれ、ますます多くの「遊び」が商品として販売されていくことになるでしょう。そうしたなかで、私たちはどのようにすれば、一方的にメディアのなかに埋め込まれてしまうのでもなく、ただ商品として次々に遊びを消費していくのでもない、もっと豊かな遊ぶことの社会的経験を手にしていくことができるでしょうか。

おそらく、その最も重要なポイントは、遊びの根底にある共同性、つまり私たちが遊ぶのは、他者とともに在ること、神や自然、日常の価値を超えるようなものと共に在るという経験を通じてこそのことなのだという認識です。そのような共同性のなかで、私たちは遊びを通じ、遊ぶことのなかから社会的な時間を創造しているのです。今日、私たちの遊ぶ能力が、「遊び」の見かけ上の氾濫にもかかわらず衰えてきているとすると、その結果生じるのは、私たちが共同的な存在として時間を創造していく力そのものの衰えです。ホイジンガが見抜いていたように、遊ぶ力を失った社会は、単なる余剰としての「遊び」だけでなく、その社会そのものの未来を構想していく力も失ってしまうのです。

▶▶▶ **参考文献**

アンリオ、ジャック（佐藤信男訳）『遊び』白水社、1974年。
カイヨワ、ロジェ（多田道太郎・塚崎幹夫訳）『遊びと人間』講談社文庫、1973年。
坂部恵『「ふれる」ことの哲学』岩波書店、1983年。

多田道太郎『遊びと日本人』筑摩書房、1974年。
ホイジンガ、ヨハン（高橋英夫訳）『ホモ・ルーデンス』中公文庫、1973年。
柳田国男「こども風土記」『定本柳田国男集』第21巻、筑摩書房、1962年。

V

やりとりする／
ケアする

V

1
私のなかの他者と出会う

1　やりとりする

やりとりする日々

　私たちの日々のやりとり。朝起きて「おはよう」の挨拶。ラッシュアワーの満員電車のなかでの押し合いへし合い。バスのなかでお互いに視線を合わさず、無関心を装うやりとり。コンビニエンス・ストアでの何気ないやりとり。詐欺師による誘惑、恋の駆け引き。テレビを見るのも、パソコンで文章を書くのも、携帯電話でメールをするのも、すべてやりとりです。
　私たちの日常はやりとりの連続にとって成り立っています。なぜ、一見すれば面倒にすら思えるような、このようなやりとりを私たちは営んでいるのでしょうか。やりとりを営むことを通じていかにして私たちの社会が成り立っているのでしょうか。

〈出会い〉とやりとり

　よくよく考えてみると、「やりとり」とは実に不思議な相互行為です。そして実に多種多様なあれこれのやりとりがあることに気がつきます。
　私の身体とあなたの身体が共鳴・共振するような根源的な相互性の水準があります。たとえば、大学の授業のなかで、お互いに一切の会話をしないで、自分の意図を相手に伝えるように指示します。すると、最初、大学生はとても戸惑いますが、次第に身振り手振りなどで自分の意図を伝えようとします。相手が自分の意図を伝えようと身振りや表情で表現しているときに、自分が自らの意図を伝えようとしてしまうと、やりとりはうまくいきません。相手

の呼吸や間合い、リズムを感じ取り、その間合いやリズムに呼応させるようにして、初めてやりとりが成立していきます＊。そして驚くことに、そうした他者への呼応作業を通じて、まるで今までの自分ではないような、大胆なジェスチャーをしたり、大笑いをしたり、突如号泣したり、自分が思ってもいないような不思議な行動を取ったりしてしまいます。その意味で、他者との〈出会い〉とは「どこに転ぶか分からない」ような偶然性をはらんだ出来事なのです。

　このように、私たちは日常的に行っているやりとりに本質的にはらんでいる他者との出会いを通じて今までの自分からは考えられないような、コントロールできない自分のなかの「私ならざるもの＝〈他者性〉」を発見していくのです。その私のなかの「私ならざるもの＝〈他者性〉」こそが逆説的に〈私〉という存在を構成していくのです。他者との出会いを通じて発見される「私ならざるもの＝〈他者性〉」こそが逆説的に〈私〉を構成するという自己のあり方が、「人間の条件」と考えることができます。

〈私〉の内部の〈他者性〉

　やりとりとは、異なる身体を生きる者同士が交わることを通じて、目の前の他者が「自分にとってコントロールできないもの＝私ならざるもの」であること、自らの内に「私ではコントロールできないもの＝私ならざるもの」を発見する過程を内在しているといえます。私たちはやりとりを通じて自己の〈他者性〉、他者の〈他者性〉を感受することになるのです。これこそ「やりとりの原初的な機制（メカニズム）」と呼べるでしょう。

　その意味で、「私を探す旅」と「私から自由になる旅」は実はメビウスの輪のように円環的に接続されていくのです（第Ⅱ章第３節参照）。そして「アイデンティティへの自由」と「アイデンティティからの自由」とは、実は同根であることが確認できるのです。

2　身体制御／相互依存を通じた承認の形式

コミュニケーション形式を遵守したやりとり

　自己と他者の身体が共鳴・共振するような根源的な相互性の水準の他にも、

やりとりにおける別の位相も指摘しておく必要があるでしょう。たとえば、コンビニエンス・ストアにおにぎりを買いに行ったのに、「お客さん、ゆっくりして、おでんでも食べていきなよ」と話しかけられたら、「この人はどんな人だろう？」「私は何か変なことしたかな？」と私たちは戸惑ってしまいます。〈出会い〉に内在する「どこに転ぶかわからない」ような偶然性をはらんだ他者とのコミュニケーションの秩序を、その都度で達成していくことはとても難しい状況であるため、私たちはやりとりをする際には一定のコミュニケーション形式を遵守することで、その複雑性を縮減しているのです。

　また、現代社会のように複雑化している社会においては一定の形式を通じてコミュニケーションの複雑性を縮減しないと、私たちは自分が何者かさえわからなくなってしまいます。自らのアイデンティティが宙吊り状態にさらされてしまうのです。だからこそ、私たちはお互い何者であるのかを承認しあうことを通じてコミュニケーションの複雑性を縮減し、自らのアイデンティティを保持するのです。

　「アイデンティティの相互承認を通じたコミュニケーションの形式」は会社や学校という領域でも、電車やデパートのエレベーターのなかのような都市的領域でも、さらには家族という領域でも同様に営まれています。私たちはこうしたやりとりを日々絶え間なくしているのです。会社や学校などの「公的領域」、公共交通機関やデパート等の「都市的領域」、家族の場のような「私的領域」の三つの大きな領域において、図式的にそれぞれのやりとりの形式をとらえてみましょう。

都市的領域におけるやりとり

　最初に都市的領域におけるやりとりをみてみましょう。近代社会の成熟に雁行する形で、かつては生産領域でもあり再生産領域でもあった家庭などの「私的領域」から分離・独立して会社や学校といった「公的領域」が立ち上がってきました。そして「男は仕事、女は家庭」といった「生産領域＝公的

＊　こうした身体の根源的基底性は、お互いに目をつぶって相手に触れる／触れられるという実験、あるいは（一切の会話をせずに）ひらがな50音を配列的に表示した透明のプラスチックの文字盤を通じて目と目で会話するといった作業でも確認できます。

領域＝男性領域／再生産領域＝私的領域＝女性領域」の境界設定が強化されます。ところが、この公的領域と私的領域を接続する間の領域、この両者に回収されない領域が前景化してきます。いわゆる「都市的領域」の誕生です。

　盛り場、公共交通機関での場、街路などの匿名的空間といった都市的領域は、公的領域における目的合理性による他者とのやりとりも、私的領域における親密的な結びつきも前提とすることが困難であり、他者との接続可能性が極めて偶発的な空間なのです。都市的領域における形式的なやりとりとは、こうした「第三空間」でのコミュニケーションの「複雑性」を縮減する一つの社会的装置として機能しているのです。

　奥村隆が『他者という技法』で論じたように、私たちのアイデンティティはそれが他者に承認されない限り自ら確証することは困難です。第一義的には、自己のアイデンティティは他者の承認に「決定権」を委譲している状態にあるのです。しかしそうなると、私たちのアイデンティティの価値は他者からの承認によってすべて決定づけられることになってしまい、自らの「主体」としての裁量が一切許されなくなるという事態を招いてしまいます。すると、私たちは他者によって承認・評価されるだけの「客体」として位置づけられることになってしまうため、こうした「受け身」の状態ではなく、あれこれの実践を駆使してより積極的な承認を他者から獲得しようと絶え間ない努力を続けることになります。

　しかし、"涙ぐましい努力"を続けて自らが価値あるアイデンティティであることを呈示したとしても、必ずしもそれを他者が承認してくれるという保証はどこにもありません。こうした事態は他者にとっても同様です。それゆえ自己と他者はこの"涙ぐましい努力"をせずともお互いに承認しあうコミュニケーションの形式を作り出すことになるのです。

　ですから電車のなかではお互いに目を合わせないで無関心を装い（儀礼的無関心）、乗り合わせた他者に過度に接近過ぎないように一定の距離を保つといった形式（回避儀礼）を遵守するのです。あるいは、ハンカチを落とした人がいれば「ハンカチを落としましたよ」と軽く声をかけるなどの適切な態度や言葉遣いを行ったりします（呈示儀礼）。そして、乗り合わせた人と偶然に肩がぶつかるなどの事態になっても、「スイマセン」と「謝罪」する

ことによってその場のコミュニケーションの秩序は達成されるのです。また誰かが手も覆わず大きな声でクシャミをしたとしても、気づかないフリをしたり、ちょっとだけ咳払いをするだけで済ませるなどして配慮するのです。

このように私たちは、都市的領域においては他者に配慮した適切な振る舞いをするなどの身体制御を通じて、自己と他者とが相互にそれぞれのアイデンティティを承認することでその場のコミュニケーションの秩序を達成しています。つまり他者に配慮した「礼儀正しい身体」として自らを規律することで自らを存在証明しようと努め、身体制御を通じた相互承認というコミュニケーションの形式によって相互のアイデンティティを保持しているのです。

裏返して考えてみると、私たちは自ら価値ある存在として存在証明しようと躍起になるがゆえに、「他者への配慮」を示さないという、理由をつけてある特定の他者の価値を剥奪することにとらわれることにもなります。ここに「アイデンティティの政治」と呼ぶべき事態があるのです。こうした都市的領域におけるアイデンティティの政治を最も先鋭に、かつ膨大なデータから描出したのは社会学者アーヴィン・ゴッフマン（1922〜1982年）といえるでしょう。いずれにしても、都市的領域におけるやりとりの形式は「社交する身体の自己制御を通じた相互承認」と指摘することができましょう。キーワードは〈社交〉です。

公的領域におけるやりとり

次いで、職場や学校などの公的領域におけるやりとりを考えてみましょう。公的領域のやりとりの特徴はその目的合理性にあります。会社の利益を上げるなどの企業としての目的であれ、受験や卒業などの教育的目的であれ、組織の目的合理性に応じて自らの身体を自己制御することによって相互に承認するようなコミュニケーションの形式が遂行されています。いうなれば、「労働する身体」として自らを規律・馴致することを通じて、会社のメンバー間で、あるいは顧客や取引先との間で相互に承認してコミュニケーション秩序を達成していくのです。

マックス・ウェーバーは『プロテスタンティズムの倫理と資本主義の精神』において、プロテスタンティズム（カルヴァニズム）の倫理によって、

働くことの自己目的化がもたらされ、その「自己目的化した労働」を日々慎んで営む身体へと人びとが自ら規律化させていったことによって資本主義の駆動は可能になったと述べています（第Ⅲ章第1節参照）。もちろん、現代においては、かつての大工場でのベルトコンベアー式の大量生産方式で労働する「フォーディズム的身体」ではなく、状況に応じてフレキシブルに専門的知識や技術を駆使して労働をする「ポスト・フォーディズム的身体」として自らの身体を統制しなければなりません*。しかし「労働する身体」として自らを統制し、そのことによって会社におけるコミュニケーション秩序を維持しているという点では同型の構図であるといえます。

　たとえば、上司が部下に「キミ、この企画書を明日まで作成しておいてくれ」と依頼したとしましょう。その時、部下は「了解しました」と回答するにしても、「明日までですか！　課長は酷な人ですね〜」と冗談交じりに返答するにしでも、一連の〈上司－部下〉というコミュニケーションを通じて「私は○○会社の営業一課で働く労働者である」というアイデンティティを維持・達成していくことになるのです。

　このように、公的領域におけるやりとりは「労働する身体の自己制御を通じた相互承認」を通じたやりとりであると指摘することができるでしょう。そして私たちにとって学校は、いわば「労働者予備軍」として「労働する身体」を製作していくための「教育化される身体」として自己を制御する空間なのです。会社や学校のような公的領域でも、私たちは「労働する身体」として自己制御することで相互にアイデンティティを承認しあい、そのことを通じてコミュニケーションの複雑性を縮減しています。アイデンティティはそのように他者の承認を通して維持されているのです。キーワードは〈資本〉と〈労働〉になります。

私的領域におけるやりとり

　最後に家族のような私的領域におけるやりとりを確認しておきましょう。都市的領域における「社交する身体の自己制御を通じた相互承認」を通じたやりとりでも、公的領域における「労働する身体の自己制御を通じた相互承認」を通じたやりとりでも、身体の自己制御を通じた相互承認を前提に、私

たちのアイデンティティは他者によって"一応"は承認されています。しかしながら、このやりとりでは私以外の誰もが同等に他者によって承認され、各々のアイデンティティは保証されていることになります。これでは他ならぬ「私」のアイデンティティの固有性や自己の代替不可能性は何ら確保されることはありません。すると、「私」は他者によって一方的に承認・評価されてしまう葛藤をはらむとしても、どこかの領域においては「私」を"他では有り得ない私"として確認する欲望にとらわれることになるのです。

さらには、私たちは「社交する身体」であれ「労働する身体」であれ、自らの身体を自己制御する時には、制御不可能な、溢れだしそうな感情や性愛や暴力を「個人」の「内面」に隠しもつか、あるいは恋人や夫婦、家族、親友などの他者と共有する空間においてのみ発露するようにしています。こうした私的領域においては、秘密を告白し、悲哀の涙を流し、歓喜や憤怒を顕わにし、見つめ合い抱き合うことが許容されています。そうしないと逆に私的領域の他者から非難されかねない空間でもあるのです。

ロナルド・デビッド・レイン（1927～1989年）の卓越した指摘の通り、アイデンティティとは「それによって、この時この場所でも、過去でも未来でも、自分が同一人物だと感じるところのもの」であり、「自分が何者であるかを、自己に語って聞かせる物語（ストーリー）」です。だからこそ、「女性は、子どもがなくては母親になれない。彼女は、自分に母親のアイデンティティを与えるには、子どもを必要とする。男性は、自分が夫になるためには、妻を必要とする。（中略）〈アイデンティティ〉にはすべて、他者が必要である。誰か他者との関係において、また、関係を通して、自己というアイデンティティは現実化されるもの」です。

その意味で、アイデンティティとは自己が同一化（アイデンティフィケーション）するものであるにもかかわらず、「他者の承認」に徹底して依存した機制（メカニズム）によって達成されていくのです。それゆえに、都市的領域における「社交する身体の自己制御を通じた相互承認」を通じたやりとりや、公的領域における「労働する身体

＊　ポスト・フォーディズムの時代は高度な訓練を受けた多様な技能を習得した中核的な正規労働者と、期限付き雇用、パートタイム労働、派遣社員などの様々な形の非正規労働者として分断されている事態にあります。

の自己制御を通じた相互承認」を通じたやりとりでは確認できない「私」のアイデンティティの固有性、あるいは自己の代替不可能性をどこかで何とか確保したいと希求せずにはいられなくなるのです。「私とは○○である」と私たちが自らのアイデンティティを定義・物語化したとしても、それは常に"別様でも有り得た"という偶有性の脅威にさらされることになります。だからこそ、「私にはこのようなアイデンティティの定義しか（それ以外には）有り得なかった」という確信によって自己の"別様でも有り得た"いう偶有性を隠蔽し、自己の存在をより強固にするためにも、必ずやアイデンティティには自己の代替不可能性を確保してくれる他者が必要になります。アイデンティティはこのような他者によって補完されることで、自己物語のうちに偶有性が存在していたことを忘却し、さらにはアイデンティティが物語であることをも消去するといった「二重の忘却」によって成立しているのです。

　たとえば、私たちは自らの「父親である私」というアイデンティティを補完する「子ども」の承認によって、「父親である私」というアイデンティティ以外でも有り得たこと、そしてそのアイデンティティが物語であることを二重に忘却しています。このことによって、「私」が"別様でも有り得た"という自己の偶有性、「私」の内部の「私ではコントロールできないもの＝私ならざるもの」という〈他者性〉を隠蔽していくのです。

　このようなやりとりの形式を通じて、自己と他者においては相互に"他の誰でもない私"と"他ならぬあなた"といった〈代替不可能性〉は幻想化されることになります。すなわちコミュニケーションの複雑性は縮減され、自己の〈他者性〉は隠蔽されることになるのです。私たちはそうしたやりとりのなかで紡ぎだされる関係を〈親密性〉と呼んでいます。自己が他者の愛情や配慮の対象であれ、たとえ憎悪や嫌悪の対象であっても、他者のうちに自己が意味ある場所を占めていて、《他者の他者》として自己を確認・再認することが可能であることによって、私たちの自己のアイデンティティは共約的に作り出されてゆくことになるのです。

　このように私的領域におけるやりとりとは、「自己の偶有性の忘却を通じた相補的な相互承認」のやりとりなのです。いわば、私的領域における自己のアイデンティティはそれを補完する他者の存在それ自体によって、他者の

存在に依存する形式によって、承認されていたのです。キーワードは〈依存〉あるいは〈支配〉となります。

やりとりの社会／〈出会い〉の困難性

このような「私的領域／公的領域／都市的領域」に準じたやりとりの編成によって「市民社会」は成立しています。もちろん、会社のような場でも「擬似家族的」な状況が作られることで「自己の偶有性の忘却を通じた相補的な相互承認」を通じたやりとりが行われることがあります。家族においても日常的に「社交する身体の自己制御を通じた相互承認」や「労働する身体の自己制御を通じた相互承認」のやりとりが行われてもいます。

いままでに説明してきたことは、あくまでもひとつの「見取図」として理解しておくことが必要です。ここで重要なことは、「私的領域／公的領域／都市的領域」のいずれの領域においても、身体制御や相互依存の承認形式を通じて、他者との〈出会い〉にはらんでいるような偶然性の契機、あるいはコミュニケーションの複雑性、そして私たちの自己の内部の「私ならざるもの＝〈他者性〉」との邂逅が抹消されている状態にあるのです。私たちは身体制御／相互依存を通じた承認形式によって、「私は私である」という既存のアイデンティティに呪縛され続ける状況になっているといえるのです。私たちは自己の「私ならざるもの＝〈他者性〉」を媒介とした〈出会い〉を喪失した時代を生きているといえましょう。さらに他者との〈出会い〉を通じた「私ならざるもの＝〈他者性〉」との邂逅こそが逆説的に〈私〉を構成するとすれば、「人間」であることの意味が極めて不透明化した時代を生きているともいえるでしょう。

このように、やりとりの原初的な機制と呼ぶべき、〈出会い〉を通じた自己の〈他者性〉、他者の〈他者性〉を感受することは家庭でも職場でも都市でも極めて困難になっています。いうなれば私たちは「アイデンティティへの疎外／アイデンティティからの疎外」のなかで生きているのです。

2
ケアすること

1　ケアをめぐる問い

ケアとは何か？

　現代では「ケア」という言葉は、過剰なほど消費されています。「高齢者ケア」「障害者ケア」「チャイルド・ケア」「キュアからケアへ」「施設ケアから在宅ケアへ」「ケアワーカー」「ケアマネージャー」「ターミナルケア」「心のケア」のみならず、「ヘアケア」「スキンケア」「ネイルケア」などに至るまで「ケア」のつく言葉は氾濫しており、逆にその本質が極度に見え難くなっています。
　ケアとは、名詞としては「気がかり」「心配（事）」「注意」「関心」「世話」「保護」など、動詞としては「気にかける」「心配する」「関心を持つ」などを意味する極めて広義の概念です。それゆえ、ケアとは単に日常生活援助といった狭い範囲の内容を指示するだけではなく、むしろそのケアを必要とする人々の性格や生き方を含めた個別性にそって自発的に他者を気づかい、その気持ちを行為により表現することと定義されます。さらには、他者の生を支えようとする働きかけの総称と位置づけられもします。しかし、このような定義では、ケアとそれ以外の行為を弁別することは困難であり、ケアする側の行為を定位させることしかできません。また、子どもから障害者、病者、高齢者まで包括的に射程にした概念化とはなっていません。「ケア」とは厳密に定義することが困難な概念であると言えるでしょう。
　しかし、重要な点は「ケアとは何か？」ではなく、「いかなる文脈においてケアと見なされるのか？」を問うことであります。つまり、そのケア行為

が遂行された社会的・歴史的な文脈を緻密かつ大胆に解読することが大切なのです。

ケアするという行為

ケアという行為が文脈依存的であるとしても、私たちの社会における「やりとり」のなかでも「ケア」という行為の特徴をみることができます。

「ケア」の言葉は様々に使われていますが、子どもの世話（care for children）、障害者の介助（care for disabled person）、高齢者の介護（care for elderly）というように、その範囲は一様ではありません。加えて、「ケア」＝「介護」でもありません。いわゆる「三大介助」と呼ばれる食事介助、入浴介護、排泄介助を中心とするような身体介護や、食事を作ったり、掃除や洗濯を行ったりする家事援助のような行為のみを示すものでもありません。ケアという概念においては「介護」という言葉では積極的に含むことが難しい「他者への気遣い・配慮」といった労働の側面も射程にすることができます。だからこそ重要なのです。

日常生活動作能力（activities of daily living：ADL）などの身体的自立度や要介護度などには還元できない現実があります。したがって、同じ障害程度区分や要介護度の当事者であっても必要とするケアはまったく違います。ただし、現実の制度はこうした認定制度によって区分され、それに応じたサービスの支給しかしないような仕組みになっています。

当事者運動の歴史的インパクト

時代とともに「ケア」の意味内容は大きく変容してきています。ケアを受ける当事者の声が現実のケアの意味を変えてきた歴史があります。とりわけ、「青い芝の会」に端を発する1970年代以降の障害者の当事者運動がケアの意味をその根本において変容させてきたという歴史的事実は忘れてはならないことです。

1970年に神奈川県で障害児の養育に疲れた母親が脳性まひのわが子を殺害するという事件が起きました。そして、周囲や障害児をもつ親、あるいはマスコミなどからその母親の減刑嘆願運動が起こり、執行猶予つきの判決が出

されました。この事件に対して、脳性まひ者たちの当事者団体「青い芝の会」は、障害児を殺した母親を殺人者であるとし、障害児の人権が守られないのであれば、障害をもつ自分たちの命も他者に委ねることになってしまう、として裁判所の判決に不服申し立てを行ったのです。また、同1970年に府中療育センターにおける障害者への人権侵害に対する抗議運動が起こり、その後２年間にわたって東京都庁前のすわりこみ運動へと展開しました。一連の運動の結果、東京都において施設の個室化と、地域で介助を受けて暮らすことのできる重度脳性麻痺者介護人派遣事業（のちに全身性障害者介護人派遣事業と改称）が生まれることになったのです。

　そして東京都の制度を全国に拡大していくことを求める運動が様々なところから生まれ、1986年には日本で初めての自立生活センターである「ヒューマンケア協会」が、1988年には「公的介護保障要求者組合」が設立され、1991年には「全国自立センター協議会」（Japan Council on Independent Living Centers : JIL）が結成されます。その後、要求者組合の一部のメンバーが中心となって全国障害者介護保障協議会を結成し、JILとともに自立生活運動を積極的に展開していくことになります。

当事者運動によるパラダイム転換

　障害者運動は大きなパラダイム転換をもたらしました。一つめは「障害」観の転換です。これまでの障害者が直面する問題の原因を個人の身体にあるとした「個人モデル」（医学モデル）ではなく、障害者を排除する社会にあるとした「社会モデル」を打ち立てたことにあります。障害者を「無力化させている社会」（disabling society）こそが問われたのです。

　二つめは、「自立」をめぐるパラダイム転換です。それまで身体的自立や職業的自立が「自立」と考えられ、そのために様々な医療的介入やリハビリテーションが行われてきました。障害者運動では、こうした「自立」観を捉え返し、「自己決定する自立」を打ち立てました。そして実際に施設から出て、家族と離れて、他者の支援を使いながら生活する自立生活を展開します。重度の障害をもち24時間365日ケアサービスが必要であっても自立することができます。自らの意志で選択したケアサービスで、サービスを使えば使う

ほど自立することが可能となるのです。

　三つめは、「ケア」をめぐるパラダイム転換です。障害者運動においては障害者や高齢者を客体として対象化した用語である「介護」(care)ではなく、当事者の主体性を強調する用語である「介助」(personal assistance)が使われてきました。例えば、駅の階段を昇れないといった障害者が直面する問題の原因はそれまで「足が動かないから」といった個人の身体に帰属させてきましたが、そうではなく、エスカレーターを設置しなかったり、きめ細かな移動サービスを十分に提供しないことによって「無力化させている社会」に原因があることを障害者運動は主張したのです。

　すなわち第一に、「他者の支援」は「私ができないことを補ってもらうサービス」ではなく、「私の自由のために提供されるべき当然のサービス」であること。

　第二に、それゆえに、「他者の援助」に関わる制度が援助する人間の自発性や感情といった不安定さを基盤にした制度であることを基本的には否定すること。言うなれば、「よい援助者やよい事業所やよい地方自治体にあたらなければ野垂れ死にするしかない」ような制度の不安定さを否定したのです。加えて、援助する側の自発性や善意によって（無償／有償で）提供されるサービスにおいては、利用する者はその都度「ありがとう」「ごめんなさい」と言わざるを得ない状況にあるため、そうしたケアをめぐる権力の非対称性もまた否定されたのです。

　第三に、「自己決定する自立」に象徴されるように、自立とは身体的自立や職業的自立などには回収されない概念であるがゆえに、ケアがどの程度提供されるかも障害程度区分や要介護認定などの認定制度によって決定されるべきものではなく、当事者のニーズに応じて供給されるべきものであること。要するに、「ケア」とは、私の自由のために提供されるべきサービスであり、公式的で形式的であることが望ましく、そのサービス量は当事者の決定によって決められるべきである、ということになります。

2 生とケアにおける根源的暴力性

生きることの根源的暴力性

　生まれたこと、老いること、病むこと、死ぬことを含めて、私たちは自らではコントロールできないような、統制不可能なものに翻弄(ほんろう)されて生きています。その意味で、自ら自律的な主体であろうとしても、自己の内部には自らには統制できない「他なるもの」を抱えています。自らの内に「私ではコントロールできないもの＝自己の〈他者性〉」を抱えているという意味で、本源的に他なるものに所有されているといえるでしょう。あるいは、こうしたある種の原理的な疎外こそが人間の本性と指摘することもできるでしょう。

　端的にはいわゆる「生老病死」があります。たとえとして、「認知症」と診断された高齢女性の老いを考えて見ましょう。彼女は、ある時「通帳がない」と狼狽し、またある時には「傘がない」と言うので、散々探し回った挙句、結局、彼女の愛用するお財布を渡すとなぜか落ち着きを取り戻す。また別の時には「ない。ない」と眉根を寄せ怪訝そうな顔で「なくした物」を家中探し回るので、「何をなくしたのか？」と問うと、「何かは忘れちゃったんだけど、いつもどこかになくなっちゃうのよ」と返答する。探し回っている途中で「なくした物」は頻繁に変わり、「なくした物」が何であったのか自体が分からなくなる。しばしばそれは「娘が盗った」、「いやいや娘婿に違いない」となり、そのこと自体もまた忘れ、あてもなく彷徨うように探し回るという行為を反復的に繰り返してゆく。この「忘れたこと」の内容は忘却しているにもかかわらず、「『忘れたこと』を忘れた状態」であることは感受しているという、想像を絶する〈不安〉を彼女は生きています。

　現在、医学的には「認知症」とは脳の障害を原疾患とした「記憶および知能の障害」によって日常生活に支障をきたす状態と定義・説明されています。この高齢女性の〈記憶〉とは、あるいは〈記憶〉と〈現実〉の関係とは一体いかなるものなのでしょうか。この「認知症高齢者」と呼ばれる高齢女性は、「『忘れたこと』を忘れた状態」であることは感受しているという幾重にも深い〈不安〉のなかで、自己の存在それ自体が宙吊りの状態となり、自己制御不可能な状況で「いつもどこかになくなっちゃう」という切迫した〈現実〉

に無防備にさらされ、とらわれの身となっているのです。換言すれば、この高齢女性は「なくした物」を明確に指し示す記憶を喪失することで、「いつもどこかになくなっちゃう」という曖昧で漠とした〈記憶〉に翻弄されているのです。ここではいわば〈記憶〉こそ彼女の言動をそのように突き動かしている主体となるという転倒的事態へと変転しているのです。

　このことは私たちの〈記憶〉と〈現実〉の関係を逆照射しているといえます。実際、私たちは日々の出来事を何とか飼い馴らし、それを「過去」に放擲することによって〈記憶〉へと変換しています。その意味からすれば、この高齢女性にとって「探し回る」という行為は、「過去」として馴致することの困難な〈現実〉によって、あるいはその女性にとって制御不可能な、主体の意思とは無関係に襲いかかってくる〈現実〉によって突き動かされている事態を示しているのです。この主体にとって馴致・制御困難な〈現実〉は、「対象なき喪失感」という〈不安〉として感受されます。言い換えれば、彼女の〈記憶〉への回帰には根源的な暴力性をはらまざるを得ないということになります。にもかかわらず、この痛ましい〈現実〉を、被っている暴力的な〈現実〉を彼女は語ることはできないのです。

　「好き好んで認知症になった人はいない」のです。そうであるからこそ、〈老い衰えゆくこと〉とは自らの意思とは無関係に、意思に反して当事者に襲いかかって来るような、あるいは自己にとって制御不能で「主体」それ自体を剥奪されるかのような〈現実〉のモメントとして感受されることになるのです。

ケアをめぐる暴力性

　生きることの根源的暴力性とは別の位相になりますが、ケアをめぐる暴力性もあります。例えば、老い衰えゆく当事者がケアを受けるという経験は、その多寡を問わず他者に自らの身体を曝け出すこと、自己の秘匿としてきた部分のいずれかを他者に委ねるという受動性を織り込んでいます。このケアに随伴する困難性を「ケアをめぐる暴力性」と呼びましょう。

　「好き好んでケアを受けている人はいない」のです。ゆえに「ケア」とは、自らの意思とは無関係に、意思に反して当事者に襲いかかって来るような、

あるいは自己にとって制御不能で「主体」それ自体を剥奪されるかのような事態に随伴して襲い掛かってくる〈現実〉として当事者に感受されることになります。したがって、それまで自らが他者に秘匿してきた自己の身体を否応なく、余儀なく他者に委ねることになるという、苦悩と葛藤をはらむものとなります。とりわけ、自ら「強い自立心」をもって生きてきたという矜持を支えにしてきた当事者においては、そうした事態に直面することは「お世話になって申し訳ない」「生きとってもしょうがない」という幾重にも深い悲しみを表現することになってしまいます。

それゆえに、自らの身体を他者に対して非対称的に曝け出さなければならないという徹底した受動性のうちには、たとえ他者によって配慮がなされていたとしても、自己の身体が他者からの侵食を受けるという暴力性がはらまれていることになります。

老い衰えゆく当事者において〈老い衰えゆくこと〉は二重の暴力性に曝される事態を意味します。一つには、〈老い衰えゆくこと〉の語り難さ・語り得なさという現実に内蔵する根源的暴力性、もう一つには〈老い衰えゆくこと〉によって他者からケアを受けるという受動性にはらむ暴力性です。

したがって、ケアとはケアを受ける当事者が自らその「暴力」を引き受ける形で達成される営為であり、他者である介護提供者（家族介護者であれケア労働者であれ）の暴力的な働きかけによって可能となるような、幾重にも転倒した行為でもあるのです。現実にはその暴力を当事者が引き受けることは同時に自らの「お世話になって申し訳ない」「生きていてもしょうがない」という自己差別化＝自己否定化を強化してしまうために、当事者のアイデンティティはひどく脅かされることになってしまいます。にもかかわらず、身体のままならなさゆえにケアを受けざるを得ないため、老い衰えゆく当事者と介護提供者の関係性には齟齬(そご)が生じ、「ヤマアラシのジレンマ」さながらの事態を生じさせてしまうのです。言い換えれば、当事者が自らの意思として、ケアを受けるという受動性の能動的志向なくしてケアは成り立たないといえます。

暴力の切断

人間が生きることに常に随伴する暴力を「初発の暴力性」と呼びました（第Ⅰ章第5節参照）。人間はこのような暴力を様々な方法で処理しようとし、それが暴力を抑圧する暴力という「暴力の連鎖」を召還してしまうことについて学びました。このような暴力の連鎖の切断こそが、現代社会を生きる私たちには突きつけられている問いです。

暴力のやりとりからプラグを抜く方法の一つとして、非暴力（抵抗）があります。それは権力の暴力との闘争であると同時に、自らの内側の暴力性との闘いでもありました。生活の非暴力とは、生きている限り避け難い初発の暴力性に対する《羞恥》であり、《赦し》であり、鎮魂の《祈り》です。いわゆる「食べる暴力」「介入する暴力」「排除する暴力」に対する暴力の処理方法としての《羞恥》であり、《赦し》であり、命への鎮魂を謳う《祈り》があるのです。

それはエマニュエル・レヴィナス（1906〜1995年）が説く「他者の苦痛に応答すること」であり、ヴァルネラビリティ（傷つきやすさ）の感情によって構成されるものなのです。そしてピースミール的な社会改良主義（断片的な、漸次的な社会改良主義）の正当性を主張するリチャード・ローティ（1931〜2007年）が称揚する「われわれアメリカ人」という内外の境界設定を前提にした「苦痛の共感能力」とは決定的に異なります（ローティはこの恣意的な境界設定を拡大するためにこそ「感情教育」という戦略を提唱）。自らでは統制・制御不可能な〈私〉の内部の「私ならざるもの＝〈他者性〉」を否応なく感受してしまうゆえに、〈私〉にとっては徹底的に受動的にならざるを得ないことなのです。ジャック・デリダ（1930〜2004年）が賭けた「応答可能性」や「歓待」もまた、他者が〈私〉にとって統制・制御不可能である存在です。ゆえに、他者への応答を契機に〈私〉の内部の〈他者性〉へと接続していくことが可能となること、自らのアイデンティティが中断され、脱臼し、歓待とはそのような〈他者性〉を迎え入れることの可能性なのです。

〈出会い〉とは、私たちが日々行っているやりとりを通じて自分のなかの「私ならざるもの＝〈他者性〉」を発見し、また他者のなかにも私の意のままにならない「私ならざるもの＝〈他者性〉」を見出していくことです。そし

て、その私のなかの〈他者性〉こそが、逆説的に〈私〉という存在を根源的に構成していくと先に述べました。

ケアを通じた〈出会い〉

「初発の暴力」の処理方法の一つである「非暴力」に内在する《羞恥》《赦し》《祈り》は、単に「初発の暴力」の処理という機能だけにとどまりません。そうした非暴力のやりとりを通じて、自らでは意のままにならない自分のなかの「私ならざるもの＝〈他者性〉」を発見し、その私のなかの〈他者性〉こそが逆説的に〈私〉を構成するのであれば、むしろ「人間の条件」を構成していく契機であるように思えてきます。初発の暴力に抗う非暴力こそが人間の条件を構成していくでしょう。

第1節にて述べたように、「私的領域／公的領域／都市的領域」のいずれの領域においても、身体制御や相互依存の承認形式を通じて、他者との〈出会い〉にはらんでいるような偶然性の契機の喪失、コミュニケーションの複雑性の縮減、そして私たちの自己の内部の「私ならざるもの＝〈他者性〉」との邂逅は抹消されている状態にありました。このように、やりとりの原初的な機制と呼ぶべき、〈出会い〉を通じた自己の〈他者性〉、他者の〈他者性〉を感受することは家庭でも職場でも都市でも極めて困難になっていました。だとすれば、「ケアする」というやりとりにおいてもこうした〈出会い〉は困難なのでしょうか。この問題について考えていきましょう。

3　出会いを困難にさせているもの

「全制的施設」における被収容者アイデンティティ

ケアをめぐる権力の非対称性については、これまでも多くの現実が描写されてきました。そして、現実に多くの当事者の生存と権利が剥奪されてきた歴史があります。

社会福祉施設や医療施設に対する批判が積極的に展開されるのは1950年代末以降になります。一般には「反施設的イデオロギー」と総称される言説のなかでも様々なことが指摘されました。1959年にはR・バートンが『病院神

経症』という著書において病院での長期入院による社会性の喪失が職員によるからかいや脅迫や暴力で、あるいは自分の身体や持ち物を管理されることで患者が孤独感を強め、次第に無感動になっていく状況を描写しています。治すはずの医療施設によって逆に病気が悪化してしまうことを「施設病」（hospitalism）と名づけました。このように、医療施設において逆に病気が悪化させられてしまうこと、生活の場である福祉施設において逆に生活が奪われてしまうことを「施設の逆機能」と呼びます。

その後、1961年、E・ゴッフマンの『アサイラム』、1966年、T・J・シェフ『狂気の烙印』が鋭く差別の本質を描出しました。また、1960年代にはR・D・レイン、1970年代にはT・サズなどが反精神医学と呼ばれる領域を形成するようになり、医学にはらむ本質的な問題を剔出したのです。

施設に収容された精神障害者のアイデンティティを鮮やかに描写したゴッフマンの『アサイラム』を参考に、ケアをめぐる権力の非対称性について考えていきましょう。ゴッフマンはこの本で精神病院を対象に緻密なフィールドワークをしていますが、この時に用いた概念が「全制的施設」（total institution）です。彼は全制的施設を「多数の類似の境遇にある個々人が、一緒に、相当期間にわたって包括社会から遮断されて、閉鎖的で形式的に管理された日常生活を送る居住と仕事の場所」と定義しています。具体的には、精神病院、刑務所、軍隊、修道院などが挙げられます。かつての医療施設や福祉施設もここに含むことが可能かもしれません。

ゴッフマンは「全制的施設」における被収容者たちのアイデンティティと、「精神病者」とカテゴリー化され価値を剥奪されたことに対する様々な抵抗の実践を見事に描破しています。全制的施設への収容とはそれまで被収容者の自己アイデンティティを保持してきたものが「剥奪」される、自己の「無力化過程」であると痛烈に批判したのです。たとえば、入所を契機に社会と遮断させられることによって、被収容者たちは過去において自らのアイデンティティを保持してきた習慣を喪失し（「文化剥奪」、disculturation）、過去の諸々の役割からの断絶として経験されることになります（「役割剥奪」、role dispossession）。加えて、衣服や名前といった自らのアイデンティティを表示する装置（identity kit）を剥奪され（「私物の剥奪」、despossession of property）、

代替品として標準化された規格品の衣服を身につけさせられ、自己を番号で呼ばれることによって強い自己否定感に陥ります。そして、自らのプライベートな空間をも侵害され、過去や現在の自己の情報が施設職員に勝手に知られることによって、自己の存立を保証してきたものが「毀損」（disfigurement）されてゆくことになると指摘するのです。

さらには、いわば「アメとムチ」によって被収容者は施設職員に従属化せざるを得ない状況へと追い込まれていきます。たとえば「剥奪過程」は施設の外での市民社会（civil society）では個人として当然のものが剥奪されていくのに対して、市民として当然の自己の「権利」が特権へと転化し、施設内の「規則」に従順であることと引き換えに「特権」が与えられたり、違反すれば「罰」として失権させられるといった「特権体系」（the privilege system）なるものの公式・非公式の教示を通じて、被収容者は自ら施設に従属的存在となっていくことを明らかにしたのです。

当事者の命がけのアイデンティティ保持

ゴッフマンの指摘はこれにとどまりません。彼はこのような全制的施設のような極限的な状況においてさえ、被収容者＝当事者が自らのアイデンティティを命懸けで保持せんと必死に抵抗している姿、方法を描出しました。

第一の方法は、同じ当事者（被収容者）の仲間同士で「身内化」（fraternization）し、連帯し、施設のルールの範囲内で実行可能な程度に施設職員に抵抗したり、施設職員を拒絶することによって辛うじて自らのアイデンティティを防衛する方法です。第二の方法は、自分が置かれた状況から引きこもり、他者との回路を完全に閉ざし、自らの内的世界へと自己埋没するといった「秘密空間の創出」の方法です。外界からの情報をすべてシャットアウトして、自らが創り出したセルフ・ワールドに埋没することによって、辛うじて自らのアイデンティティを保持しようとするのです。第三の方法は、「ここにいたら食事には困らないから」「もっとヒドイ扱いを受けている人もいるから」といったように、施設内での生活で入手可能なものから最大限の満足を得ることで安定的で比較的充実した生活が確立され、施設での生活を肯定的に意味付けるといった「植民地化」（colonization）の方法です。そして

第四の方法は、施設職員の価値を内面化し、新規の被収容者であれば「自己を精神医学的に見ることができる」ようになったり、長期収容者であれば看護師の態度や衣服を身につけて看護師を助けて他の患者たちの管理を当の看護師たちよりもずっと厳しく行うといった「転向」(conversion) の方法です。

このように極限的状況においては、仲間を作ってささやかな抵抗・拒絶をするか、秘密空間を創出して自己の世界に埋没するか、何とか積極的な意味づけを行うか、管理する立場に立つことによって他者の存在価値を剥奪するかといった方法を取らざるを得なくなるのです。ゴッフマンの言葉を借りれば、このような極限的状況を生きる当事者の抵抗の姿からこそ権力の構造を逆照射することができるのです。

ケアとジェンダー

ケアとジェンダーの関係についてはようやく照射されるようになってきました。実に不思議なことなのですが、男性がケアするのと女性がケアするのではケアの受け手も含めて周囲の期待度がまったく違うことがわかります。そして男女ではケアする／しないのいずれの選択をした時にともなうサンクション（報酬と罰）が異なります。言うなれば、「ケア」という行為はジェンダーによって徹底的に不平等に配分されているともいえるでしょう。

子どもの育児や障害者・高齢者の介助において「ケアする／しない」という選択がそれを期待されている女性の「愛情のある／なし」の証明として周囲に理解されてしまうことがあります。それゆえに、ケアを遂行するものだと周囲から期待・予期された女性は余儀なくケアすることを強いられることになるのです。ケアしないと「あの人は冷たい」と非難されたり、あるいは自分自身でも「私って冷たいのかな」と自責の念にとらわれてしまうのです。

続いて、内なるジェンダーの声について考えてみましょう。たとえば、障害児を世話する母親が時として口にする「できれば看たくないという気持ちが正直あります。こんなことを言う私って冷たいんですかね」というアンビバレントな感情があります。通常、私たちはコミュニケーションの場において「感じるべきこと」に準拠して「感情管理」（感情を抑えたり、表現したりして管理・調整すること）を行っています。こうした「感じるべきこと」と

いう規則と「実際に感じること」との間にはズレがあることを知っています。ところが、これは以下の三つの態度へと帰結してしまうことになります。ここでは「感じるべきこと」を「母親なら障害をもつ子どもを看たいと感じるべきだ」という感情規則に置き換えて考えてみましょう。

　第一の態度は、「母親なら障害をもつ子どもを看たいと感じるべきだ」という規則を完全に身につけ、役割と自己を同一視してしまい、最終的には疲弊しきり「燃えつき」てしまいます。第二の態度は、「母親なら障害をもつ子どもを看たいと感じるべきだ」という規範役割と距離化を図って「感じているフリ」を実演し、「看たいと感じない自分は何て冷たいのだ！」と「罪の意識」を抱えてしまいます。第三の態度は、感情規則を規定する役割と同一視することなく、かといって完全に距離化するのでもなく、「母親なら障害をもつ子どもを看たいと感じるべきだ」を「何とか感じようとして、感じられてしまう」。そのため、逆に「感じられてしまう」「感じるようにできてしまう」自己に「嘘の意識」を感じ、「嘘ではない本当の私は一体どこにあるのか」と絶えず自問してしまうことになります。特に、職業として「割り切れない」分だけ、私は「『嘘』の私が嫌だ！」という「嘘の意識」の高まりによって、「『本当の私』は一体どこにあるのか」と問う思考それ自体から自ら「『嘘』の自分」や「『本当の私』ではない私」を自己の内部に発見し、ますます「『嘘』の自分」が嫌になるというように、循環的に自己否定化していく悪循環に嵌り込むこともあります。

　ケアする女性は「燃えつき」るか、「罪の意識」、あるいは「嘘の意識」を抱え込んでしまうような「感情管理の陥穽(かんせい)」へと陥る危険性をはらんでいます。つまり、「母親ならば障害をもつ子どもを看たいと感じるべきだ」と考える社会においては、母親は自らの内に"あってはならない部分"を発見して「罪の意識」を感じてしまうか、"本当の私ではない部分"を発見して「嘘の意識」を感じてしまうのです。そして、そう感じない人々を周囲は「冷たい人」と呼ぶのです。このように家族におけるケアとは実質的なケアワークの労働の負担にとどまらず（夜眠れない、肉体的に限界、社会的な孤立など）、精神的にも極めて"しんどい"のです。

ケアに埋め込まれた感情労働

家族のケアであれ、看護や福祉の労働従事者のケアであれ、「ケア」には「感情労働」*が埋め込まれています。したがって、「ケア」を無批判に賞揚することに対してフェミニズムは痛烈に告発してきました。たとえば、「母性愛」「家族愛」「無償の愛」という名の下によって女性に「ケア」が不平等に割り当てられた結果、その感情労働に対する正当な社会的評価が行われてこなかったことを批判してきました。フェミニズムはこうした感情の構築性を喝破し、私的領域におけるジェンダーの〈暴力性〉を白日の下に曝したのです。特にケアには感情管理が内蔵されていることから、ケアの授受が閉塞的な二者関係におかれている時には、感情のよって立つ根元そのものが蝕まれ、時には暴力へと転化する機制をはらむものであることを警告しました。

実際に、「家族」という私的領域において女性は否応なしにケアを提供せざるをえないような状況に巻き込まれており、しかもそうしたケアは「不払い労働（アンペイドワーク）」であり、たとえ公的なケアサービスを積極的に利用し、直接的な介護労働に携わっていないとしても、家族内での女性の感情労働は相当量に及び、それに対して正当なコスト換算はされておりません。つまり、そうした「感情労働」を埋め込んだケア労働とは「家族が行うべき行為」として私的領域の問題として了解されているからです。

このように「ケア」という行為はジェンダーによって徹底的に不平等に配分されているがゆえに、その関係は固着化し、また二者関係における抑圧的な閉塞状況に陥るがゆえに、やはり「ケアする」というやりとりを通じた〈出会い〉は困難となっているといえるでしょう。

---

* 社会学者のアーリー・R・ホックシールド（1940年〜）は、感情移入や温かみといった私的な能力が、じつは社会的・文化的に構築されるものであり、商業的に利用されるものであること、道具としての感情、システムとしての感情という側面に光を当て、感情労働（emotional labor）という概念を提示した。

3
ケアする社会

1 〈他者性〉によるケアの肯定

ケアサービスは国家権力の介入か？

　ケアに基礎づけられた福祉国家とは、1970年代のユルゲン・ハーバーマス（1929年〜）が「システムによる生活世界の植民地化」という概念によって批判したように、20世紀における私的領域と政治的領域の直接的な重なり合いによって生存維持活動や経済活動への関心が共同体の全域を覆い尽くしました。その結果、自律した私的領域は消失すると同時に、他者との純粋に政治的討議の空間である市民的公共性は失墜したとの指摘の通りであれば、「ケア」とは国家による私的領域への介入であり、システムによる生活世界の植民地化となります。

　ハンナ・アーレント（1906〜1975年）が、ギリシア時代には明確に峻別されていた私的領域（オイコス）と公的領域（ポリス）が、近代社会における〈社会的なもの〉の勃興、すなわちこれらの二つの領域の結合によって、〈社会〉という範域内で構成員の生命／生存の維持が「生存権の保障」という名の下になされるようになり、これによって私的領域を超えて達成されるべき公的領域の自由な政治性が失墜し、〈社会的なもの〉による権力が強化／徹底化されるという事態を憂慮し批判しました。〈社会的なもの〉の専制を憂慮し、「社会的なるものが押しつける一様化（コンフォーミズム）」からの脱却を企図して〈政治的なもの〉の脈流を再発見せんとしたアーレントの思想の核心は、「社会国家＝福祉国家」を単に批判しようとしたのではなく、「国民社会国家」の社会的帰結として、「共約不可能である他者」の「現れの空間」である〈公

共性〉が、そうした〈公共性〉を倫理的基盤とした〈政治的なもの〉が封印／消去させられてしまう事態を告発したのです。この点は極めて重要です。

共約不可能な他者の現れの空間

アーレントは〈公共性〉概念を、ハーバーマス的な共約可能・共有可能な圏域として措定するのではなく、徹底して「共約不可能なもの」が立ち現れる「現れの空間」あるいは「アゴーン」という概念によって理論化しました（第Ⅲ章第２節参照）。他者が私たちの前に「誰性」として現出するのは、私たちがその他者のうちに共約不可能なもの、不気味なもの、おぞましいものを感受する「時－間」・「空－間」・「人－間」という「現れの空間」であると指摘するのです。そうであるからこそ、〈公共性〉の空間においては常に〈他者〉との邂逅があると主張するのです。

ケアにおける他者の位置価

ケアを語る時、往々にして〈他者〉の位置がもち上げられ過ぎていることがあります。例えば、〈ケア〉がケアする側による自発性や感情によってなされている行為であると位置づけられたり、ケアする側によるケアされる側の「承認」や「肯定」が過度にもち上げられて語られてしまうことが多く見受けられます。「ケア」の場における自発性や感情、承認や肯定をそれ自体否定するわけではありませんが、それが全面的に語られることによって、むしろ私たちの社会においてケアされる人たちの存在が強く否定されてしまうという事実を見過してしまうことにもなります。

障害者運動が示してきたように、アクセス保障も含めた広義の「ケア」とは、自由のために誰もが提供されるべきサービスであるとすれば、ケアに課せられた過剰な意味付与から脱却するためにも、また自発性や善意に基づいた「恣意性」を排除するためにも、公式的で形式的で安定的なケアサービスの供給が望ましいともいえます。あるいは、立岩真也の秀逸した論考の通り、ケアする側が当事者を「肯定」「承認」するよりも、「分配する最小国家」による「強制的な徴収と分配の保障が最も基礎的な肯定だとも言える場面」もあり、こうした「距離」は「ある人が具体性において承認されるべきこと」

と本質的に矛盾するものではないのです。

2 「分配」と「分配されえないもの」の順接

「分配されえないもの」の制御不可能性

ところが、このような「分配する最小国家」による分配の論理は同時に、「分配されえないもの」「分配を予定しないもの」「分配を望まれないもの」をもまた明示するのです。具体的には、分配し得ないものには「感情（愛情）」「姿・形」「老い」「障害」「病」「痛み」「死」などがありいずれも、他者に分ける／移動することはできません。例えば、自己が「承認」や「肯定」を受けたいと思っていても、他者を操作することは原則として不可能なのです。つまり、他者の好悪はなくならないのです。加えて、私が自分の身体を承認・肯定しようにもうまくはいかないのです。すなわち、自己においては制御不可能なものとして自己の身体（姿・形）や他者の感情などがあるのです。確かに、自分の身体も他者の感情も意のままにならないといえます。

その意味で、障害のある身体を生きるということ、老い衰えゆく身体を生きること、病をもつ身体を生きるということ、耐えられぬほどの痛みのある身体を生きるということ、そのいずれもが私たちにとって制御不可能な〈他者性〉なのです。このような自らの意思とは無関係に迫ってきたような〈現実〉、主体にとって自らでは制御不可能な〈自分ならざるもの〉、馴致不能な〈他者性〉を抱えて生きているという徹底的に受苦的／受動的な存在こそが「人間の条件」を構成するのです。

制御不可能な〈他者性〉が自由と分配を支持する

最後に、このような「分配可能なもの」と「分配不可能なもの」を順接する基底的条件に、自己の〈他者性〉の制御不可能性(アンコントローラビリティ)があることを考えていきましょう。この点は実はケアを考える上で最も重要な論理となります。

結論としては以下のようにまとめることができます。

第一に、私たちにおいて制御不可能な〈他者性〉を基点にすれば、自由のための強制的な徴収と分配の保障が支持されます。それゆえ、一見すれば冷

たいような、公式的で形式的で安定的なケアサービスの供給が希求されることになるでしょう。

第二に、私たちにおいて制御不可能な〈他者性〉を感受することこそ、やりとりの原初的な機制であると指摘したように、ケアの場における個別的な応答可能性による自己の内の〈他者性〉との出会いもまた支持されることになります。むしろ、ケアの場にこそ、〈他者性〉との応答可能性を基軸にした自己と他者との出会いの場が開かれることになるのです。こうしたケアのやりとりは、私的領域にも公的領域にも都市的領域にも回収されないような、「共約不可能な他者」の「現れ」を召還する「可能性としての領域」を石川准は「脱社交という感情公共性」と名づけています。介護する／されるの関係においてこそ、社交的に振る舞えない障害者がいることで、そこに脱社交的な関係が生じることが可能になるのです。本書の言葉で言えば、ケアすることによって〈出会い〉が可能となるといえるでしょう。

第三に、以上のように考察するならば、「再分配の政治」と「アイデンティティの政治」、あるいは「経済的正義」（分配的正義）と「文化的正義」（承認の正義）、「差異の通約」と「差異の承認」とは「自己の〈他者性〉」を媒介にして論理的に順接する関係にあるのです。

このように「ケアする」というやりとりによって私たちは他者との〈出会い〉が可能になり、また新たな〈正義〉のありかを構想することが可能になるでしょう。

▶▶▶ 参考文献

アーレント、ハンナ（志水速雄訳）『人間の条件』筑摩書房、1994年。
天田城介『〈老い衰えゆくこと〉の社会学』多賀出版、2003年。
天田城介『老い衰えゆく自己の／と自由——高齢者ケアの社会学的実践論・当事者論』ハーベスト社、2004年。
奥村隆『他者といる技法——コミュニケーションの社会学』日本評論社、1998年。
ゴフマン、アーヴィン（石黒毅訳）『アサイラム』誠信書房、1984年。
立岩真也『私的所有論』勁草書房、1997年。
立岩真也『自由の平等——簡単で別な姿の世界』岩波書店、2004年。
レイン、ロナルド・D（志貴晴彦・笠原嘉訳）『自己と他者』みすず書房、1975年。

棲む

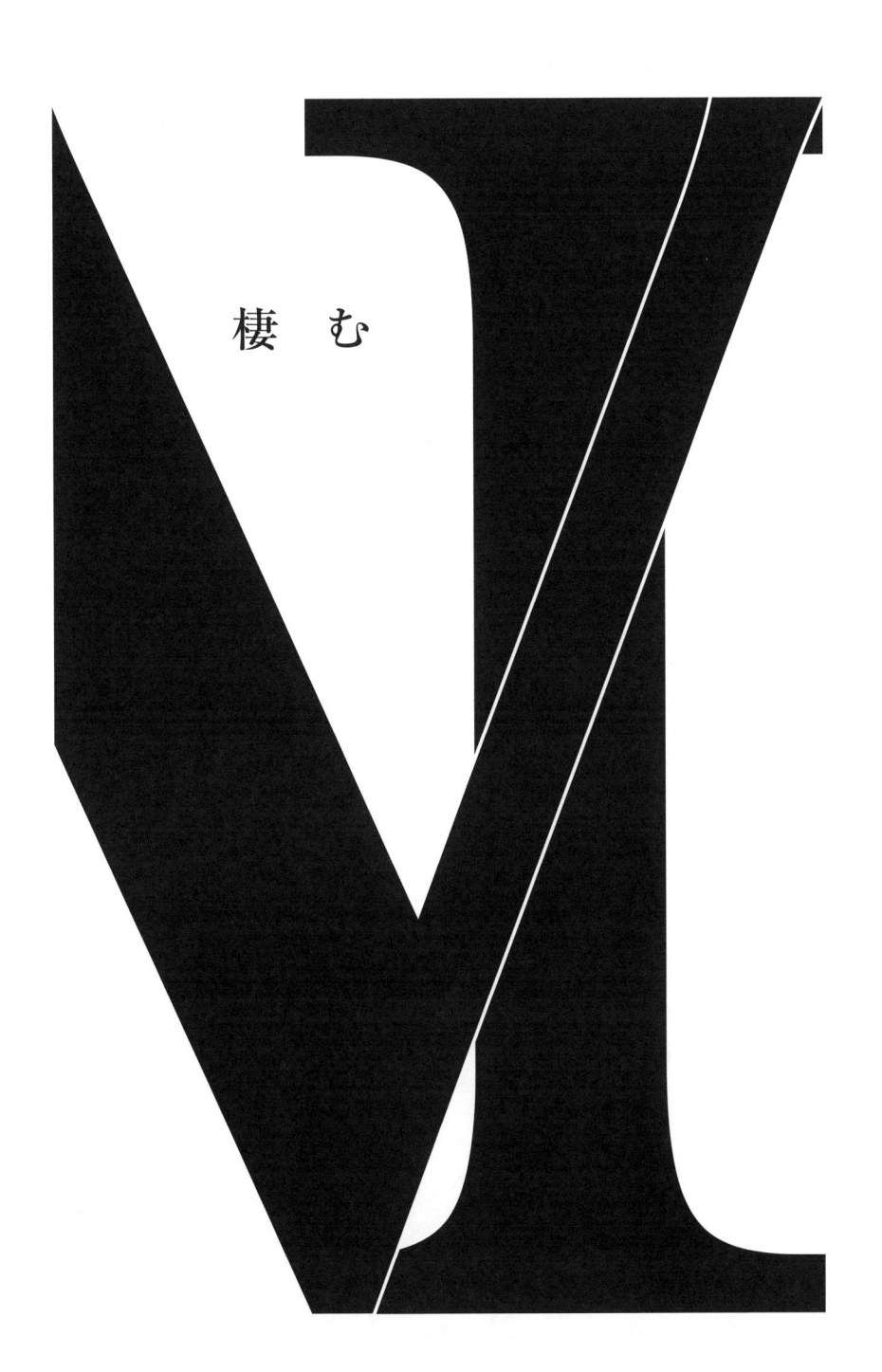

IV

1
棲むということ

1　社会という家に棲む

創造神話にみえる社会

　人類の歴史が始ってから人間はいつでも社会を形づくって生活してきました。社会は人間にとっての棲む家なのです。もちろん、絶海の孤島で過ごしたロビンソン・クルーソーの物語もありますが、彼は一人で暮らしていたというより18世紀イギリスの産業人の思想を実践していたのであり、空間的に離れていたにせよ同時代のイギリス産業人の社会のなかに生きていたのです。

　古い文明の残した神話にも社会の存在ははっきり示されています。旧約聖書の創世記で楽園を追放されたアダムとイヴは東の土地に行き、そこで息子カインの妻を見出します。すでに他にも人間がいたのでなければ成り立たないことで、メソポタミアで沢山の都市国家が栄えていたことが暗黙裏に想定されているのです。プラトン（紀元前728頃～347年）の時代に黒海東岸からフランスやリビアの海岸に至るまでギリシア人は多数の都市を建設し住み着いていました。それぞれの都市は創設の神話をもちます。たとえばテーベでは、フェニキアから漂着したカドモスがこの土地で竜を退治し、竜の歯を大地にまくと戦士たちが生えてきます。その戦士たちの生き残りが都市をつくるのです。ギリシア神話での人間の創造は都市に、つまり社会の創出にかかわっているのです。古代の中国でも、中国人の祖先とされる黄帝は蚩尤とたたかいこれを倒し最初の支配者となりますが、黄帝も蚩尤も猛獣をひきつれ諸侯を糾合していたと『史記』は伝えています。諸侯とは小都市国家の支配者たちで、人間が社会をなして暮らしていたことは神話のうちに痕跡を残し

ているのです。

自然状態と社会契約

人間はこのように都市や集落をなして社会に棲む。そこでアリストテレス（紀元前384～322年）は「人間はポリス的動物である」といったのです。このように社会をなして暮らしていたところでは秩序や支配はどのようにして生まれたのでしょうか。18世紀ヨーロッパの思想家たちは、人間が相互に孤立して行動している自然状態から、意識的に社会生活のルールを作り政治的秩序をもつ状態への移行を、諸個人が契約を結ぶことから説明しました。個人たちが行動の自由の一部を主権者に譲り渡すとしても、主権者がそれぞれの個人の安全を保障してくれるほうがよい、というわけなのです。

理性の発展についてカントの説明

ところで人間が社会に棲むということは社会契約により政治社会（政府）をつくることにとどまるでしょうか。哲学者のイマニュエル・カント（1724～1804年）は考えをもう少し先まで進めました。カントによると、神ではなく自然が人間に理性などの能力と素質を与えたとされます。では、理性やそのほかの能力は人間のもとでどのようにして発展していくのでしょうか。人間は集まって社会をつくろうとする傾向をもつとカントはいいます。しかし、他方では仲間から離れ自分一人になろうとする傾向もカントは見逃しません。社交性と非社交性を同時にもつというわけです。正反対のものの共存は葛藤を生じさせずにはいませんが、カントはこの葛藤こそが人間に理性を行使させそのほかの能力を発展させる原動力だというのです。自分の考えることを実現しようとしても他人の抵抗にあうのが常です。しかし、いかにしてこの抵抗をのりこえ解決するか人間に考えさせ、このようにして発展させられた個人の理性は、最終的には社会を道徳的で完成されたものに、つまり相互に協力的で住み心地のいい社会に、高めるであろうというのでした。

「共有地の悲劇」

今日私たちは、人間は合理的に行動するといいます。その場合の合理性は

カントのいう理性の行使とはいささか異なっているように思えます。カントでは市民としての自由と共存を侵さないことが重要でしたが、今日の合理性はもっぱら利益とコスト、メリットとデメリットの計算を意味しているからです。とはいえ今日の社会で暮らす私たちのもとで合理的な考え方はかつてないほど広まっていることに間違いはありません。けれどもそのことはカントが考えたのとは異なって、社会を道徳化することには向いていません。個人が合理的に行動すればするほど、社会の側では深刻な問題が生じるようになっています。環境汚染その他の問題を思い浮かべてみるとよいでしょう。

一人の行動としてはささいなことが総和として社会に予想もされない形で戻ってくる現象を生物学者のギャレット・ハーディン（1915～2003年）は「共有地の悲劇」として示しました。だれでもが羊を連れて行き放牧できる共有地があります。それぞれの羊飼いは羊をここに連れて行き草を食べさせ水を飲ませ、羊は肥えます。しかし共有地で羊を飼える牧草と水には限界があり、羊飼いたちの羊の総数はいつしかこの限界を超えてしまいます。限界を超えても初めのうちはそのマイナスの跳ね返りの影響は小さく、羊飼いそれぞれの計算ではさらに羊を増やす方が有利です。でも羊飼いたちが全員同じ行動をとり続けるならどういう結果が生じるでしょうか。

今日も私たちは社会のなかに棲んでいるわけですが「合理的」に計算し行動することによって「棲んでいる家」を壊しつつあるのではないか。「共有地の悲劇」の現象が様々な分野でみられることは、そのことを示しているようです。

2　市民社会という家を構想しよう

社会という家を脅かすもの

今日私たちが自分の棲む家を破壊しているのは、自分の利益しか視野にいれないで合理的に行動することによるだけではありません。経済のグローバル化は各国の企業間での競争を激化させ、人々は企業の活動する場である市場の動向によって生活の不安定にさらされています。他方また、政府や行政が管掌し人々の社会生活に介入することが多くなりすぎるときにも、私たち

の社会は歪んだ棲みにくいものとなります。このように社会という家は今日様々な方向からおびやかされ住みにくいものになってきているのですが、それに対抗して提起されている考え方として「市民社会」があります。

「市民社会」は市民からなる社会です。市民とは身分制に縛られ、身分からの離脱も営業や職業選択の自由もなく、政治参加や表現の自由もなかった市民革命前の人々（臣民）に対置される歴史的概念です。しかし、市民から構成される市民社会はその後の西欧の歴史のなかで、それ以上に深い思想的な意味をもたされます。政府や国家の市民の生活や行動への行き過ぎた介入・圧迫に対抗するものとして「市民社会」が用いられるようになるのです。

近代経済人のつくる秩序

最初に「市民社会」をこのようなものとして提起したのはアダム・スミス（1723～1790年）とアダム・ファーガスン（1723～1816年）の二人のスコットランドの思想家でした。イギリスの名誉革命は典型的な市民革命であるとされていますが、この革命の後で政府がとる政策はすべてのことをイギリス産業のなかで育ってきた近代的経済人にゆだねるものではありません。一部の産業人たちに特権と独占を認めることで対外的な競争力を強めようとする重商主義の政策でした。アダム・スミスが『国富論』で批判し示そうとしたのは、独占と特権の存在がどれほど経済と社会の構造を大きく歪めるかということにあったのです。アダム・スミスは、近代的経済人（市民のことです）は同感の原理を身につけ共通な平等なルールに従い活動するなかで自立した経済および社会の秩序を作り出している。政府の介入はこの「自然の秩序」を歪めるだけで必要のないものであるとしたのでした。「市民社会」は政府の介入を批判するものだったのです。

欲望の体系

この「市民社会」の概念はそれから半世紀後になってドイツの哲学者ヘーゲル（1770～1831年）によって彼の『法哲学』のなかで取りあげられることになりますが、このときにいささか意味の異なるものにされます。ヘーゲルもまたカントと同じく自由の理念を人々の社会生活のなかで実現させること

を考えます。社会生活の領域は家族、市民社会、国家からなるものとされます。社会生活の基礎は愛にもとづく結合としての家族なのですが、家族を超え出た個人は欲望に媒介され関係しあい市民社会をつくります。アダム・スミスが経済人の活動の場と見たものをヘーゲルは「欲望の体系」とみるのです。欲望の体系である市民社会はそれ自身が生み出す社会問題を自力で解決することはできない。ヘーゲルの視野には産業革命後のアダム・スミスが見ることのなかった貧困や失業の広がりが入っていました。そこでヘーゲルは市民社会を自立的で完結したものとは見ず、その健全な育成のためには普遍的理性に導かれる国家が経済を規制し、理性的かつ道徳的生活に向けて人々を教育することが必要であるとしたのでした。

国家に対抗する市民社会

しかし、国家が理性的であることを保障するものは何でしょうか。ヘーゲルは世襲財産をもつゆえに経済的基盤に心配のないプロイセンの貴族層を、普遍的な国家の官僚層として想定していました。でも理性の担い手である国家の官僚たちもまた、市民社会のうちに利害をもっているのではないか。実際、ユンカー貴族の経営する農場で生産される小麦は、アルゼンチンから輸入される小麦との競争にさらされます。市民社会の経済分析を深め、また制限選挙制では一部の有産者の利害しか政治に反映されないことを明らかにするマルクス（1818～1883年）によってその虚構性は喝破されてしまいます。普遍的理性に基づくとされる国家＝政府は支配階級の利益と意思の表現でしかなかったのです。こうして国家と市民社会が対立するという理解が取り戻され、この延長上でアントニオ・グラムシ（1891～1937年）の『獄中ノート』における独自な市民社会論が展開されることになります。

自立した自由の空間

近年、「市民社会」は世界中の多くの人々により注目される概念となっています。その一つの理由は、思想史上のテーマであった市民社会が1976年以降ポーランドで自主管理労組「連帯」の運動が進められるなかで、きわめて現実的なテーマとして浮上したからです。共産党（労働者統一党）と国家が

一体化している権威主義体制のもとで、ソ連の介入を招くことなく、しかし共産党に圧力を加え運動を認めさせ前進させるにはどうしたらよいか。党＝国家の諸制度に組み入れられていない社会領域で自立的な集団やサークルを辛抱強く組織していき、市民社会の空間を切り開くことだったのです。

　このような党＝国家の諸制度から自立した領域で結社やサークルをつくり市民社会の空間を切り開く課題は、第三世界で権威主義的体制のもとにいる人々により受け継がれます。でも「市民社会」が受け継がれるのはそれだけではありません。

　先進諸国においても巨大企業の影響力は私たちの生活に否応なく入り込んできますし、経済のグローバル化は市場の動向をめまぐるしく変化させ競争をあおります。そこから雇用不安や、製品の安全性の不安に私たちはさらされることになりました。きびしくなる市場での競争は社会生活のなかでの人と人とのつながりを希薄にさせる一方です。市場＝営利の領域に対抗して非営利の領域と連帯を取り戻す、そのような市民運動、市民活動が広がっています。これはまさしく今日の私たちのもとでの「市民社会」という家の建て直しに他なりません。

2
家族という棲み方

1　家族は自然か、文化か？

家族は文化制度

　人間が社会をつくり棲むときもっとも基本的な単位を成すのは、個人でも企業などの組織や集団でもなく、家族です。家族は地球上のすべての民族のもとでも見られるし、歴史上のどの時代にも存在した、ふつう私たちは考えています。それだけでなく私たちは都心ビルの池に住みついたカルガモの「一家」や動物園の「チンパンジーの親子」を話題にします。とすると家族は人間だけに限られず他の動物たちにも共通する自然の秩序に属しているということになるのでしょうか。自然界で生物の種が存続していくためにはオスとメスがいて性的な結合から子孫をつくることが必要です。人間でも他の動物でもこのことは同じです。また子どもの養育があります。昆虫のような種では産み落とされた卵がかえると幼虫は独力でえさをとるので親による養育は必要ありませんが、もっと高級な哺乳動物になると子が成獣になるまで母親による養育が必要となり行われます。ここには親子のつながりが認められるのです。

　また餌をとる仕方でも動物と人間はちがっています。サルの群れでは一匹一匹が自分で餌をとって食べなければなりません。つがいをなしていても、なにもしないで相手のサルが餌を持ってきてくれることはありません。これに対して人間の家族では他の成員のために食糧が持ち帰られ、成員の間で交換・分配が行われます。食事行動に大きな違いがあります。

　また近親婚の禁止のルールのあるなしも、動物と人間のちがいとされてき

ました。近親婚の禁止のルールは配偶者を他の親族集団に求めることを強いることになり、「女性の交換」の壮大な輪によって多数の親族集団を結びつけるものである。そのことで一親族集団が社会のなかで孤立するのを避けさせる仕組みであると人類学者のレヴィ＝ストロースは説明しています。そうであるなら、近親婚の禁止のルールを基礎とする家族は人間がつくり出した文化の次元に属するものということになります。

　ところが近年になって家族は文化の次元か、自然の次元かはそれほど自明ではなくなってきました。サル学や霊長類研究は進歩のめざましい分野です。進歩はサル山のサルの群れを一匹一匹に名前を付けて識別し、その行動を観察することからもたらされました。群れのなかでは近親婚禁止のルールはないと思われていたのですが、あったのです。母系的な四親等の血縁内では交尾は行われないことが明らかにされたのです。サルには戸籍がありません。どのようにしてルールが保たれるのでしょうか。生まれたあとで子育てを通じて生じる親と子の関係がこのように行動させると考えられています。とすると、自然の次元に属すサルの群れにも家族の要素があることになります。他方で、イスラエルのキブツの調査では、キブツで子ども時代を一緒に生活した男女間では婚姻がはっきり避けられる現象がみられることを示しています。サルの群れと同じ現象がみられる。こうして現在では、家族は自然か文化かという問いは容易にこたえることができなくなっているのです。

カショーゴティネの場合

　私たちは家族（核家族）をいつの時代にも、世界のどこにでも存在していたと考えています。著名な人類学者であるピーター・マードックも『社会構造』のなかで核家族こそは人間社会の普遍的な社会集合の形であるといいました。しかし、その後人類学者たちが世界各地に調査に出かけ、詳細な観察を行うと必ずしもマードックのいうようではないのが明らかになります。人類学者の原ひろ子は北極圏近くで暮らすカショーゴティネ（ヘヤー・インディアン）について次のようにいいます。

　カショーゴティネの人々は短い夏と長い冬では暮らし方がちがう。夏はタウンで過ごすのですが、シカなどを狩り毛皮をとる冬には男女のペアでテン

トの生活をする。ところでこの男女のペアでは、カショーゴティネでは特定の男女が永続的な対を形成しないし、同居の相手も性生活の相手も一定していない。気に障ることがあると対を形成していた男女は別れてしまい、次の相手と一緒になる。永続的な対もあることはあるが例外的なのです。それでは生まれてくる子はどうなるのかと私たちは心配になりますが、カショーゴティネの人々は自分の産んだ子を他人に預け、自分が育てることができるようになったとき他人の子を育てるという互酬性の慣習のなかで養育は保障されるのです。

原ひろ子によると父親は「社会的に決まる」、つまり母親は妊娠している時期にこの子の父はだれだれであるという世論をつくることで決まるといいます。こういうと父の存在が不明確な他の動物に似ているように思われるかもしれません。しかし、そうではないのです。誰かの死の時点で父、母、両親をともにする兄弟関係は忌避関係を介してあらわになり、人の行動を拘束します。ここでも家族関係は自然の秩序にもどっているのでなく、文化的な制度をなしているのです。

人間以外の動物でもメスが子を産み養育している期間中、オスが獲物を捕りまた外敵の攻撃からメスと子を守ることは見られます。しかし、人間の家族の場合この期間ははるかに長くなりますし、狩猟、農耕、移住の生活に入れば対峙すべき外敵も多くなります。家族が集まり氏族をなし、さらにまた部族をなすということになるとリーダーには内部で成員をコントロールするための権威や権力が求められることになります。支配の秩序の誕生です。

父権制と家族

19世紀のスイスの歴史家バハオーフェン（1815〜1887年）は人類の歴史で父権制が成立するに先立って女性が権威と権力の座に着いていた母権制の時代があったと論じました。大地母神像は世界各地で発掘されていますが、これが母権制の存在を示すのかは不明です。これに反して家族における父親の支配と男子によるその権限を継承する話は、旧約聖書の創世記でイサクの家督をエサウとヤコブが争う例にあらわれているように広く見られます*。父親が家族と家族の財産を監督し支配するという父権制の原理は、男性の氏族

長や部族長にまで拡大され、もっと広範な社会支配の原則となっていきます。父権制は財産の父系相続と結びついていますが、また女性の性を結婚内に閉じこめ貞節を求める一方、男性に対して性道徳の要求は緩やかであり二重基準を含むものでした。

拡大家族と核家族

家父長制とは異なるものですが、祖父母や孫のような直系親族あるいは傍系親族が一緒に生活するという拡大家族も多く家父長制に随伴する現象として存在します。父の権威と権限はここでさらに拡大されるからでしょう。19世紀に進化論の影響を受けて近代化を考察した社会思想家はしばしば近代化を身分から契約へ、あるいは機械的分業から有機的分業への移行であると考えましたが、家族についても拡大家族から核家族への移行であると論じています。ル・プレイのような保守の側の社会学者は、産業化の進展により生じた社会問題は核家族から拡大家族に復帰することで解決されると考えました**。

近年になり社会史研究がさかんになるなかで、歴史学者たちはそれまで取りあげられることがなかった教区簿冊や宗門人別帳などの教会や寺院に残された出生・死亡・婚姻の史料を研究します。また伝記や徴税関係の文書も分析されました。そして拡大家族から核家族への移行が歴史的な事実としてあったわけではないことを明らかにしています。ヨーロッパ諸国で見ると産業革命以前でも農民や都市民衆層では三世代が一緒に暮らす例はほとんど存在しません。逆に産業革命の後で、民衆階層で夫のみでなく妻も働きに出なければならなくなると、夫婦は親を扶養し、親は夫婦が働きに出ている間、孫の世話をするという形で三世代が一緒に暮らす拡大家族が出現するのです。拡大家族か核家族かという家族の形態は独立の変数であるより、収入など経済的要因、相続制度など社会的要因、権威的か民主的かなど文化的要因によって決まるものなのです。

「家」制度

日本では家父長制と拡大家族は結びついて「家制度」という形をとりまし

た。これは12世紀に院政がはじまるのと同時に形づくられたと日本史研究者はいいます。天皇家において上皇が「治天の君」として家長となり、「王の家業」を子孫に受け継がせる。家産・家業・祖先祭祀がセットになった「家」が貴族から武士へ、そして江戸時代の農民にまで広まっていったのです。江戸時代に幕府は、その社会体制を維持するためにイデオロギーとして儒教を採用しました。武士は藩主の家臣団の成員で、家臣には家禄が与えられ、家禄は嫡子により相続されました。孝行、夫唱婦随、男尊女卑、幼長の序を説く儒教はこの支配体制に相応しいものでしたが、それにうまくあう武士や富裕な町人は人口のうちではわずかであり、一般庶民とは無縁のものだったのです。

　ところが明治時代になり政府が民法を制定するときに、この家制度は国民全体に適用されるものとなりました。家は戸主と家族からなるものとされ、戸主には家族をコントロールするための戸主権が認められます。家族の財産に関する権限はすべて戸主の管理下にあり、結婚すると女性は財産に関して無能力になったのです。家を存続させるため家督相続人は家を去ることが許されません。また戸主は位牌や墓地も受け継ぎ祖先祭祀の主宰者とされたのでした。家父長制を法律の形で支える旧民法は、戦後の憲法の掲げる個人の自由と尊厳とは反対のものでしたし、男女平等の原則を否定するものでした。

2　核家族と現代社会

核家族化とパーソンズの説明

　今日の社会では専門分化が進み、職業もそれに応じて多様になり、高度な知識や訓練を求めるようになっています。社会学者のタルコット・パーソンズ（1902〜1979年）はかつての社会では子は親の職業を継ぐことが多く、親は子にその職業でうまくやっていくためのノウハウを与えることができたが、

＊　長子エサウの家督を、おいしい料理と交換にヤコブは手に入れたのです（「創世記」第27章5-17）。
＊＊　フランスの社会学者、ル・プレイ（1806〜1882年）にとって、拡大家族はすべての民族とすべての時代に見られる「真の家族モデル」でした。

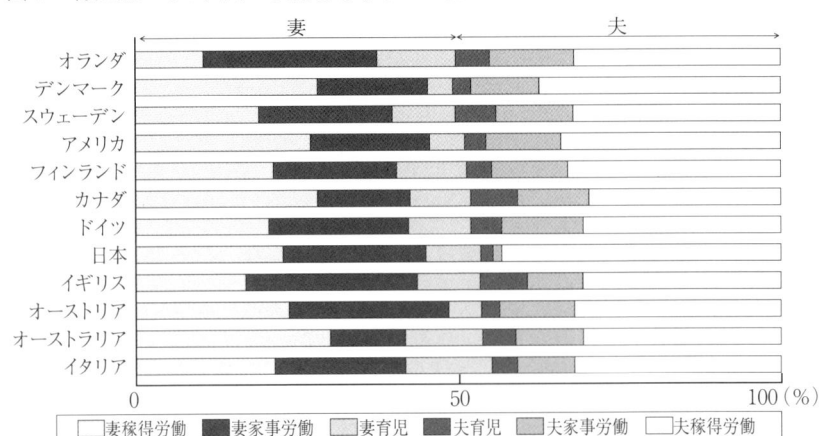

図1 育児期にある夫婦の役割分業状況の国際比較

	妻	夫
オランダ		
デンマーク		
スウェーデン		
アメリカ		
フィンランド		
カナダ		
ドイツ		
日本		
イギリス		
オーストリア		
オーストラリア		
イタリア		

□妻稼得労働 ■妻家事労働 □妻育児 ■夫育児 ■夫家事労働 □夫稼得労働

註1・日本については、社会生活基本調査における「仕事」を「稼得労働」とし、「家事」、「介護・看護」および「買い物」を合算したものを「家事労働」とした。
註2・夫妻の稼得労働、家事労働時間総計に対する、夫妻の各活動の割合（週全体）。
註3・日本以外の妻はフルタイム就業者、日本の妻は有業者の値、夫はいずれも全体の平均。
註4・日本以外は5歳未満児のある夫妻、日本は6歳未満児のある夫妻。
(OECD "Employment outlook 2001"、総務省「社会生活基本調査報告」(1996年) により著者が作成)

今日の企業の中間管理職の親は同じやり方で子を同じステイタスに送り込むことはできない。子は職業選択に当たって親になにも期待できず、このことが子に早い時期に親から独立させ、結果として今日の産業社会での核家族を増大させていると説明しました。

今日の日本の社会を見るとき事態はもっと先に進んでいるようにみえます。経済の高度成長を経て豊かな社会が出現するのは1970年代初めですが、ちょうど同じ時期から職業を持ち家庭の外で働く女性が増大します。収入を得るようになった女性は経済的に自立するだけでなく、核家族からの離脱の自由をも手にするに至っています。しかし、男女雇用機会均等法の制定にもかかわらず、多くの職場で男性と女性の平等は不完全です。このことが女性や若い人の核家族からの離脱の自由と新たな依存を生じさせることになります。離婚の増大、バラバラな時間に寝るためだけに家に帰るホテル家族、いつまでも独身のままで親の家に寄食するパラサイト・シングルなどがここから生

じているのです。

男女平等と家族のゆくえ

また女性が職業をもち社会で働くにあたっては、家庭内での男性パートナーの家事育児への分担と協力が欠かせませんが、日本の男性はこの点ではOECD諸国のなかでもっとも非協力的という調査結果があります（平成13〔2001〕年度国民生活白書より）。先進国の社会は軒並みに人口置換水準を下回る出生率の低下に悩まされていますが、そのなかでも北欧やイギリス・フランスなど比較的高い国とイタリア・スペインなど日本と同程度に低い社会があります。なぜ、先進国の社会でこうした違いが生じてくるのでしょう。育児休暇や子ども手当などの制度に加え、家事育児への男性の分担と協力によるところが大きいのです。フランスの人口学者ジャン＝クロード・シェネは「男女平等のルールを受け入れた社会だけが存続の可能性をもつ。これに対してマッチョ的社会は消滅の危機に立たされている」といいます。男女平等のルールということのうちにはパートナー間での会話とコミュニケーションの親密な関係を保つことも含まれましょう。今日の家族、とくに日本の家族のあり方を考えるにあたってこの言葉は示唆的です。

3
地域に棲む

1　コミュニティをつくる

「まち」とコミュニティ

　近頃、「まちづくり」(「むらづくり」も含めて) という言葉をよく耳にします。またそのための「まちづくり協議会」を設けている自治体もたくさんあります。その場合いわれている「まち」とは、「まち＝都市」であるよりも、住民たちで一つのまとまりをもって棲み生きるコミュニティをつくることをさしています。

　人間が社会に棲むときにまず属すのは家族でしたが、家族はまた地域のなかにあります。地域はある限られた空間のなかに位置していますが、そのなかで人々が一緒に生活することで連帯感をもち、協力しあう住みよい家をなしていることでもあります。私たちは日常的な体験で、どれくらいの空間の広がりを「まち」、つまり自分の属するコミュニティとして実感できるのでしょうか。実感できるとは自分の目で見ることができ、耳で聞き、声の届く範囲ということです。

まとまりの実感される範囲

　まちづくりに長年携わってきた田村明は、ヨーロッパなら教会の尖塔が見え鐘の音が聞こえる範囲であり、イスラム圏ならモスクのミナレット（尖塔）が見え、ミナレットの上から流れる一日五回の祈りを促すアザーンの声が届く範囲だといいます。日本でいえば、近年はほとんど消防署の建物に変わられてしまいましたが、火の見櫓から見える範囲、お寺の鐘が聞こえる範

囲であろうといっています。火の見櫓もなくなりお寺が鐘をつくこともなくなった今日では、多くの自治体で採用されている実感できる「まち」の単位は、小中学校の学区であるようです。たしかに、子どもの頃、自分の学区なら級友や顔見知りがいるのに、学区の外に出ると出会う人がよそよそしく感じられたのを記憶する人も多いでしょう。

共通の結びつき

社会学者のR・M・マッキーヴァー（1882～1970年）はコミュニティの概念を学問的に取りあげた最初の人として知られていますが、コミュニティを、人々により共同生活が行われている地域空間であり、そこが他の地域から区別されるのはその共同生活がそれぞれに固有の特徴をもつからであり、自分の属する地域（まち）と他の地域（まち）との境界は、その意味でなんらかの意味をもつのであるといっています。空間的な限定性、そこに住む人々の間での社会的相互作用、そして共通の絆の存在が重要なのです。

近年、まちづくり（むらづくり）という形でコミュニティをつくることを各地の自治体がさかんに進めるようになったのは、1919年に制定された都市計画法において計画は中央官庁でつくられるとされ、日本全国どこでも一様で特徴のない「まち」が出現することになったことが原因の一つとしてあるからです。そこでまちづくりが住民たちにより「地域の価値」を発見することから始められているのです。

「コミュニティ問題」

「まちづくり」「むらづくり」が論じられる以前に「コミュニティ問題」が社会学者や自治体関係者によって論じられたことがありました。高度経済成長のピークは1960年代半ばですが、この時期に農村や中小の都市に住んでいた人々が大量に大都市圏に移住します。大都市では人口が急増し、上下水道、道路や交通手段、あるいは住宅・学校・公園など生活のためのインフラストラクチャーの不足が深刻な問題となりました。

新しく大都市圏に移住してきた人々は東京では多摩丘陵、関西では千里丘陵などを開発し造成してつくられた土地に建設された鉄筋コンクリートの中

層アパート群の団地に居住します。ところでこれら新しく造成された地域の多くは以前には農村であり、「むら」としてのコミュニティをなしていました。そこに全国各地から移住してきた新住民がたくさん入ってきたのです。それまであった「むら」コミュニティの自治能力は失われてしまいますが、他方で新住民たち相互の関係はバラバラでそれに変わるコミュニティは形成されないのです*。

　日本全国の大都市の近郊では程度の差こそあれ、このような状況が広まっていたのです。これでは自分たちの「まち」というコミュニティ意識も生まれないし育つことはできないでしょう。そこで社会学者や自治体関係者のもとで「コミュニティ問題」が提起されそのための解決方法が模索されました。そして採用されたのは、自治体のカバーする地域を「まち」であることが実感できるいくつかの空間単位に区切ること（ゾーニング）、従来の公民館とはちがう地域住民たちが集まることができる集会施設としてのコミュニティ・センターの建設、そしてコミュニティ・センターの管理運営を自治体の職員ではなく「まちづくり協議会」のような住民の組織にゆだねる、ということだったのです。

市民的積極参加

　自治体という政府システムのパフォーマンスの良さ（住民のニーズに素早く十分に応えること）と、住民たちの間に市民的積極参加のグループや組織がたくさんあり活発に活動していることのあいだには密接な関係があります。アメリカの行政学者ロバート・パットナム（1941年〜）はイタリアでの調査からこのことを明らかにしています。イタリアでは1970年に地方制度の改革が行われ、州が導入され、全国に109あった県は20の州にわけられました。州にはこれまで中央政府が握っていた多くの権限がゆだねられます。ところで新しい制度が発足してしばらくしてパットナムが調査をしてみると、同一の制度が導入されたにもかかわらず、一部の州ではこの制度は非常に効果的に働き住民たちも満足しているのに、他の州ではまったくそうではなかったのです。なぜこのような違いが生じるのかを研究したパットナムは、政府パフォーマンスの良さと住民たちの間に積極的参加（市民たちが自分のまちを住

みやすいものにしようとさまざまな活動を自発的に組織している）ネットワークが存在していることとが、深く関係していることを見出したのです。

2　地方自治を求めて

町内会と自治会

　地域での人と人とのつながりは今日の日本ではどうなっているのでしょうか。地域の活動の受け皿となる組織・団体には町内会・自治会など居住する近隣住民でつくられる地縁組織と特定の目標を目指して自発的につくられる市民活動団体とがあります。2002年の総務省の統計では全国にある町内会は6万5685団体、自治会11万4222団体、これに部落会・区会をあわせると29万6770団体となっています（平成16〔2004〕年度版『国民生活白書』「人のつながりが変える暮らしと地域」のテーマで編集されています）。市民活動団体は福祉、まちづくり、自然環境保護、青少年教育が主な活動領域としていますが、その数はそれほど多くはありません。『白書』によると市民活動団体は会費を集める他は行政からの補助金を多く受け入れています。また市民活動団体と自治会などの地縁型組織との連携はうまくいっていないとされています。ということは日本では、地域での人と人をつなぐ活動の圧倒的部分は町内会・自治会など地縁型組織によって担われていることを意味しています。

　地域の団体に取り組んでもらいたい活動についての意見調査をみると、防犯・防災に向けた対策と高齢者への介護福祉は多い（それぞれ85.3％、79.1％）のですが、地域の人を結びつけるはずの祭りなどのイベントになると「必要ない」が「必要」をわずかに上回っています。また地縁型団体については行政への依存度が高い、活動内容が形骸化しているとの批判があることもふれられています。しかし、注意したいことは、『白書』が示しているのは国内の活動を全体として見た場合のことで、個別の具体的な地域での住民の活動ではないことです。

＊　また多くの新住民たちは、居住している団地をいずれは去るつもりで庭付き一戸建て住宅が手にはいるまでの仮の住処としてしか考えていませんでした。

住民間の信頼

さきにパットナムの研究にふれました。彼はイタリアで政府パフォーマンスのよい州では市民の積極的参加があるといいます。つまり人々の間で「公共的な問題への関心と公衆への帰依」があり、住民たちの決めたことには進んで従うというのです。逆に政府パフォーマンスのよくない州では、住民の間で信頼の不足による悪循環がみられるといいます。隣人の畑の小麦は今日実り、自分の畑の小麦は明日実る。小麦の刈り入れは短期間に集中的に済ませなければならない仕事です。今日は私が隣人の畑で働き、明日は隣家が私のために支援するとすればものごとはうまくいくのに、両者のあいだに信頼がなければ協力はなされません。協力がなされないと降雨でせっかくの収穫を台無しにしてしまうかもしれないのに。ここでも「共有地の悲劇」と同じことが生じているのです。人々の間での非協力の関係を協力関係に変えるにはどうしたらよいのでしょうか。

一般化された互酬性

自発的な協力が行われるためには、人々の間で互酬性の規範が根づいていることが必要です*。パットナムは彼が住むマサチューセッツの地域の住民の行動を例として取りあげます。ここは秋には風が強く、庭の落ち葉が隣家の庭に散ることが多いのです。でも芝生に散っている落ち葉を掃除するという規範は住民たちに共有されていて、苦情をいう人はいません。新たに移住してきた人も住民たちが落ち葉掃除について会話をし、実行しているのを見ればおのずと参加することになります。これは落ち葉掃除だけでなく、ほかのいろいろな場面でもみられます。このような「一般化された互酬性」の規範そして慣行があるかどうかが市民的積極参加のポイントになっているのです。

「町」の価値・独自性の発見から

いま日本の各地で進められている「まちづくり」「むらづくり」はこのような市民的積極参加の創出と深く関わっているのではないでしょうか。よい「まち」をつくるとはどういうことでしょうか。「住んでいるすべての人々に

とって、生活の安全が守られ、日常生活に支障なく、気持ちよく暮らせ、緊急時にも対応できるまち、住んでいてよかったという実感をこころから感じ、つぎの時代にも引き継がれるものをもっているまち」であると田村明はいいます。外観のすばらしさ、経済的な豊かさだけではそれは得られないのです。ではどうすればよい「まち」は実現できるのか。住民が自治体や行政にリードされて何かを行うのではなく、住民が主導すること。市民参加あるいは市民参画とはこのことをさしています。そのためには住民が公共のこと、住民全体に共通することを自分のこととして考えるようになることです。また個性的で主体的な「まち」であるためにはその地域の独自性、独自な価値を見つけることが大事で、それは歴史的な遺産であることも伝統であることも、自然の景観であることもあるでしょう。こういった資源がなくても、これまでなかった仕事をあらたに起こすというやり方もあり、手作りパンやソーセージの販売や講習、ワインの醸造を始めている住民たちもいます。こういった試みに地域の住民すべてが初めから一致しているわけではないでしょう。「まちづくり」がうまく成功しているところでは、試みを少しずつ進めるなかで多様な価値観をもつ住民たちが互いに刺激を与え暮らしていける仕組みになっています。田村明の『まちづくりの実践』は日本各地で行われている沢山の例を載せています。このような活動の広がりのなかから一般化された互酬性の規範も生まれてくるでしょう。市民的積極参加と住民自治もこうして積み上げられていくのです。

＊　互酬性。自分が相手にしてあげるのと同じことを相手も自分にしてくれる関係のこと。

4
人間は組織の歯車か

1　共同体と組織

人為的関係としての結社

　これまで社会という人間の棲む家のなかで家族と地域社会についてみてきました。人はすべて家族と地域社会に属しているのですが、家族も地域社会も生まれる前から存在しているもので、私たちは自分の意思で選ぶことはできません。このような種類の制度や組織、あるいは集団はしばしば共同体とよばれますが、その中で人と人を結びつけているものは感情、価値、あるいは伝統です。同じ出自や同じ運命のもとにあるという認識であり感情なのです。ドイツの社会学者のF・テンニース（1855～1936年）は感情や伝統の絆で、つまり「共通意思」で結ばれている集団や組織をゲマインシャフトとよびました。家族も地域社会もゲマインシャフトに含まれます。

　ところで私たちの周囲にある集団や組織を見回すとこれとは異なる性格の関係で結ばれているものが数多く存在するのがわかります。私たちの周囲にあるのは何かの目的を達成するために人為的につくられた集団や組織で、これらに加入するかしないかは私たちの意思で決めることができるし、活動の内容や運営の仕方が気に入らなければ自由に退会することができます。スポーツや趣味の同好会やクラブがそうですし、政党や政治的結社もこれにあたります。成員の採用に関して時期や資格に制限があることをのぞけば、学校や企業もこのような集団や組織ということになります。

　さきにふれた共同体的な人間関係と、学校や企業、政党や同好会などの組織や集団でその内部で人と人を結びつけているが異なるのは、その加入が本

人の好むと好まざるとにかかわらずであるか否かということもさることながら、後者の人間関係においては人と人とを結びつける絆がはっきりと選択された利害であり、ある目的の実現のための関係であるところにあります。このような人間関係は「共同体」にたいして「結社」といわれますし、テンニースによってゲゼルシャフトと名づけられました。

ウェーバーの観察

　共同体（共同社会）・ゲマインシャフトと結社・ゲゼルシャフトが区別されるといっても、この区別は理念上のものなので実際には社会に存在する大部分の集団や組織、あるいは社会関係は、一部はゲマインシャフト的性格をもち、他面ではゲマインシャフト的性格をもっています。また一方が他方の機能や役割を果たすものとなる例はいくらでもあります。マックス・ウェーバー（1864～1920年）は、1904年にアメリカ合衆国に旅行します。合衆国でプロテスタントの諸宗派（セクト）が多数活動しその影響が人々の社会生活のなかにまで浸透していることに驚くのですが、ウェーバーはその地で働くあるドイツ人医師から聞いたエピソードを記しています。そのドイツ人は耳鼻科の診療所を開いたのですが最初の患者が最初に医師に話したのは彼の症状ではなく、彼が某街の某バプテスト教会の人間であるということだったというのです。当時の合衆国ではその人がどの宗派の教会員であるかで、社会的信用を示すことができました。宗派加入にあたって厳しい信仰と行動の審査に合格した人は、医者への支払いもきちんとするということを、さきの言葉は意味していたのです。ウェーバーは宗教的な宗派が近代の世俗化にまきこまれ、異なる社会的機能を果たしていることに注意を喚起したのです。

　社会の近代化はゲマインシャフト的団体や関係がしだいに特定の目的ごとに設置されるゲゼルシャフト的集団や関係に置き換えられていくことを意味しています。ゲゼルシャフト的集団や組織が優勢になることは、それが感情や情緒で結びつく全人格的な人と人とのつながりを消滅させるとまではいわないとしても、弱めることになります。ここでも利益とコストを合理的に計算する人間関係が支配的になるのですが、見方を変えていうとこれは私たちの社会生活のなかの人と人との関係が乾燥したもの、味気ないものになると

いうことではないでしょうか。『プロテスタンティズムの倫理と資本主義の精神』でウェーバーは近代資本主義のもとであらゆる人間関係が合理化され脱魔術化されるといいましたが、晩年にはこの傾向に危惧の念を示していたのです。

2　組織と人間

組織の巨大化と官僚制

　今日の社会は高度産業社会といわれます。そこでは企業、官庁、労組、政党などさまざまな領域で巨大な組織が成立していて、その巨大組織のなかで人は自分を無力な歯車と感じています。なぜ、今日の巨大な組織のなかで、人は自分を一つの歯車のようなものに感じるのでしょうか。組織とはある企てを実現させようとして、人為的に作られた人間関係であるといいました。人々が協力して企てを実現するためには、そのために必要な手段や道具を調達することが必要ですし、人々の間で役割や作業の分担が欠かせません。それだけでなく役割や作業の分担が、意図されたように果たされるためには規則や規律が確立されていなければならず、人々をある目的の実現のために確実に協力させるためにはヒエラルヒーを導入する問題が出てきます。そして、組織が大きくなればなるほどヒエラルヒー確立の要請は強くなり、組織は官僚制的な性格を強めることになります。

　官僚制という言葉は、もともとは西欧の絶対王制期に確立される行政組織や軍隊組織をさすものでした。君主の意思を効果的に実現するためにこれらの組織は、マックス・ウェーバーがいったように規則による職務の配分、ヒエラルヒー（上から下への命令の降下と責任の上昇）、文書による事務処理、専門的職員の任用を原理としたのです。ここではそれ以前のように君主や諸々の有力者の恣意の入り込む余地はなくなりますが、それゆえにこそ行政や軍隊は精巧に組み立てられた機械のように作動したのです。このような組織化の原理は、19世紀になり生産工場の内部での機械化が進むと、工場の内部にも導入されます。こうして、20世紀になると、ほとんどの大きな組織は官僚制的に編成されることになりました。

ところで、そのことによって今日の私たちの社会は合理的・効率的な棲みやすい社会になったのでしょうか。私たちは住民票の届け出や税金の申告で役所に出かけます。そして、せっかく持っていった書類にささいな誤りがあったため書類を突き返される、などということがあります。「官僚的」という言葉は今日では、役所の窓口での担当者たちのこのように杓子定規で融通のきかない態度をさすのに用いられています。それは官僚制組織がもともとめざした効率性・合理性とは正反対のものではないでしょうか。

より柔軟な形の組織へ

　ウェーバーの官僚組織論が現れて半世紀後になって、社会学者のロバート・マートン（1910〜2003年）は官僚制組織の逆機能を指摘することになります。この組織のなかに配置された人々には、その位置に固有の仕事・権限・責任がわりあてられます。ところで義務への献身、権威と権限の感覚が過度に強調されると、成員の行動の中心は、仕事を遂行するという本来の目的からはずれて、規則で定められている手続きをきちんと踏んでいるかとか、権限を越えていないかとか、ほかのところに移ってしまいます。「目標の転移」、つまり、ほんらい目的であったものより、手続きや手段の方が優先されるようになるのです。

　階層化された構造を持つ組織はまた専門ごとにいくつもの部門に区分されます。組織のなかで区分がされるのは、仕事の内容に応じて成員の専門的経験を蓄積させれば組織の効率性が高まると考えられているからです。ところで大きな組織で部門が分割され、それぞれに権限や予算が委任されるとき生じるのは、組織全体の目標を達成することよりもそれぞれの部門に独自な目標の追求を優先させることでした。割拠主義です。今日ではマックス・ウェーバーの論じた官僚制的構造の組織は非効率なものと見なされるようになっています。経営学ではピラミッド型の企業組織は規模が大きくなるとコントロール・ロスが発生するといいますが、同じことをいっています。

　今日、日本の多くの大企業ではピラミッド型の組織ではなく多事業部制の形をとるようになっています。独立的な地位を与えられたいくつもの事業部のそれぞれに製造や営業や技術などの業務を担当させているのです。大企業

のなかがじつはいくつもの中小企業の集まりのような構造になっており、分権化されているのです。

　第Ⅲ章「働く」で、経済のグローバル化が進展するなかで人々を引き裂く新たな分割にふれました。それはグローバル化によって経済環境の変化が急速になっているからです。顧客の好みの変化に対応し、絶えず新たな製品を市場に投入する企業を例として考えてみましょう。どのような製品をどれくらい生産したらいいか必要な情報を一番よく知っているのは企業のトップにいる経営者ではなく、販売や製造の現場にいる従業員です。経済環境の動向について最もよく知っている人々の情報を生かすことなしには、企業は環境変化に対応できません。コンピュータ・システムの進化とあいまって、今日の組織では下部に位置する人々に対して自主的に判断してよい範囲を拡大していく、そしてその判断を小規模な作業グループに実行させるという分権化の動きが広まっているのです。

5
誰が棲み方を決めるか

1　誰が棲み方を決めるか――政治と人間

自分の棲み方は自分で決める

　私が今この都市に棲んでいて、この組織で生計を立て、このような暮らし方をしているのはなぜでしょうか。誰が、私の棲み方を決めたのでしょうか。決めたのは私でしょうか。それとも、誰か別の人でしょうか。この問いは、実はとても答えにくいものです。なぜなら、今ここに私が棲んでいることには、いろいろな偶然や必然が、解きほどきがたく絡まり合っているからです。100パーセント自分の自由意志で、自分の棲み方を決めることができる人は、まずいないでしょう。たいてい、会社の命令で、あるいは土地が高くて買えないので、また収入がかぎられているので、やむなく今ここに棲んでいる、ということになります。

　しかたなく現在の棲み方をしている場合であっても、人はそのしがらみを自分に引き受けて生活しています。究極的には、そして本来的には、人の棲み方を決めるのはその人自身である、といえましょう。自分のことを決めるのは自分である、ただ、今日の時代と社会の仕組みが、あまりに自己決定の機会を奪ってしまっているのが現実だ、と考えられます。

　「決める」ということが政治の眼目であるかぎり、自分の棲み方は自分で決めるということ、つまり自己決定や自治ということは、民主政治の出発点です。その反対に、自分の棲み方を誰か別の人や組織に強いられることを、他律的決定とか支配といいます。

住民こそが政治の主体

　誰が私の棲み方を決めるのか、という問いを鋭く突きつけられるのは、国家や行政や企業などの公的組織が公共性の名をもって私の棲み方に変更を迫る場合です。かつて横浜市が、通勤時の電車を増発してラッシュを緩和するために、つまり「公共性」のために、閑静な住宅地の真ん中に貨物線のバイパスを通そうとしました。この横浜新貨物線計画に怒って立ち上がった沿線住民が、反対運動を展開したときの論拠は、自分の生活は自分で守るということ、地域エゴイズムの肯定でしたが、そこから発して、住民主体の政治の論理に行きつきました。公権力による強制を拒んで、自分たちはここに棲み続けるという自己決定を貫くなかで、住民こそが政治の主体であって、行政のほうが住民主体の政治に参加すべきだ、という主体の転換が生じたのです。

2　市民運動・住民運動で棲み方を変える

市民運動――自発的な政治的市民の成立

　人々が、自分のことは自分で決める、ということを、最初に社会運動の形で表わしたのは、市民運動においてでした。日米安全保障条約の改定をめぐって展開された、1960年の安保闘争には、自ら市民を名のる人々が、自分の生活実感から「安保反対」「議会制民主主義を守れ」と叫んで、国会を取り巻くデモに参加しました。政党とイデオロギーに指導されない、自発的な政治的市民が登場したのです。

　米軍の北ベトナム爆撃が激化すると、小田実、高畠通敏、鶴見俊輔、高橋和巳らの呼びかけで、1965年にベトナム戦争に反対する「ベトナムに平和を！市民連合」（ベ平連）が発足しました。各地で、生活実感から平和への危機意識を抱いて、あるいは疎外感覚から自己のアイデンティティを求めて、「ふつうの市民」（『ベ平連ニュース』第一号の創刊のことば）が自発的に反戦運動を組織して、勝手にベ平連を名のったのでした。「人間として」「市民として」というスローガンや、反戦フォークソング集会などの形式に、市民運動の性格がよく現れています。

住民運動——公共性の構造転換

1960年代に、高度経済成長が、「豊かな社会」を構造化した反面、公害や環境破壊を初めとする様々な社会的矛盾が噴出しました。1960年代末から1970年代にかけて、これらの矛盾に対応して、各地域の住民が、自分の棲み方を守るために立ち上がった、生活防衛の運動が住民運動です。1973年の時点で、住民運動団体は3000を超えたといわれます。地域エゴイズムの肯定と、否定の強さは、住民運動の特徴です。

北海道の伊達火力発電所の差し止め裁判で、現地視察をした裁判官に、農民が次のようにいいました。「北電は、発電所の建設は公共事業だ、電気をつくることは著しい公共性があるというけれども、裁判長さん、われわれが一生懸命、うまい野菜をつくったり米つくったりするのは、公共性ではないのか」。行政や企業のいう「公共性」が、実は大きな権益と結びついた、公的組織のエゴイズムに他ならず、むしろ住民の棲み方への固執、地域のエゴイズムの集積の延長上に、本当の「公共性」がみえてくるのではないでしょうか。住民運動は、公共性の構造転換をよび起こしたのです。

3　棲み方としてのネットワーキング

共領域の構築

ある住宅地の一角に、障害児をもつ親たちが障害児のための施設をつくろうとしたところ、住民たちが「環境が悪化する」という理由で反対し、自分たちの運動を住民運動とよんだことがありました。こんな気色の悪い反対運動も、住民運動なのでしょうか。ここでは、公的組織と住民ではなく、二つの市民または住民のエゴ同士が対立しています。両者が話し合いを続けた結果、住民たちは障害児への認識をあらためて、施設の建設を認めました。環境が悪化するどころか、障害児が地域にともに棲むことで、むしろ地域が失っていたコミュニケーションを回復しました。

ここには、住民同士のエゴイズムがぶつかり合うときに、お上に裁定をお願いするのではなく、あくまでも自分の棲み方は自分で決める、という原則が貫かれています。やりとりのなかから、エゴが保たれながらも、エゴの転

生が起こり、住民同士が下からつくる共領域が浮かび上がってきます。よく「公・私」と対立的な使い方をしますが、「私」がいきなり「公」にいくのでなく、「私」同士の間に「私」を転生させつつ、「共」の領域を切り開くことが、市民主体の政治の大きな課題です。

市民活動・市民ネットワーク・ボランティア
　1970年代に生まれた先駆的な市民・住民の活動、たとえば山形県高畠町の有機農業研究会、有機野菜の八百屋から始めた大地を守る会、障害者の自立と共生の施設、奈良のたんぽぽの家などに牽引されて、1980年代以降、さまざまな活動内容をもちながら一様にオルタナティブな協同性＊の構築に関わる市民活動が簇生しました。
　その背景に、次のような重複的な協同性の解体に関わることがありました。1960年代の高度経済成長による共同体解体、1970年代低成長下の管理社会化、福祉国家の破綻、上からのコミュニティづくりの挫折、1980年代の新自由主義の政治の市場原理と競争原理、優勝劣敗と格差拡大、労組の衰退、コミュニティの再解体、ミーイズム、インナー・シティの空洞化、1985年プラザ合意以降の円高による町工場・クラフトの街の疲弊と企業の海外移転、グローバリゼーション、家族機能の外部化など。失われた協同性を代補するかのように、新しい協同性を担う多様な市民活動、ボランティア、生活協同組合、ワーカーズ・コレクティブ、地域医療、フリースクール、反原発の会などが、各地に島宇宙のように点在しながら現れてネットワークをつくっています。
　古いタイプの社会運動が、政党とイデオロギーの指導の下に、ピラミッド型に組織化され、大衆をタテ型に統制・動員していく運動だったのに対して、新しい市民活動は、出入り自由であり、言い出しっぺが責任をもってこの指とまれ方式でやる、個人がヨコに自在につながるネットワーク方式で活動する、市民的専門性を養う、必要なら手作り選挙で議員を議会に送りこむ、といった特徴をもっています。その延長上に、多元的共生社会の構築が遠望されています。

NPO

　市民活動は、行政と財政という二つの壁にぶつかります。任意団体では行政が相手にしてくれず、乏しい財布では活動に限界があります。壁を突破するために法人化が目ざされ、アメリカのNPO（Non Profit Organization、非営利組織）への関心が高まりました。1995年の阪神・淡路大震災でのボランティア噴出を経て、1998年に特定非営利活動促進法（NPO法）が市民立法に近い形で立法化され、小さい市民活動体でも簡単に法人になれるようになりました。NPOには、利潤を分配しない、政府の一部分でない、組織をもつ、独立した自己統治、寄付やボランティアなどの自発性等の規定があります。

　NPOは、市民運動体と同時に、行政や企業に依存しない市民事業体を、クルマの両輪としてもつという課題を抱えています。

市民政治

　当事者運動（たとえば障害者自立運動）、ボランティア、市民活動、NPO、NGOなどは、共領域を重層的に構成しつつ、アドボカシーの回路によって公共圏に参入する市民政治を展開することができます。市民政治は、行政優位の公共圏に市民主体の公共性を編入させようとする企てです。当事者、市民は、公論に限らず、公共圏を構成する三つの次元、つまり公益、公論、公的決定のすべてにオルタナティブを提起する市民政治を展開する必要があります。

　市民活動、ボランティア、NPO、そして市民の一人ひとりが、「第三の道」**への陥穽を乗り越えなければならないでしょう。官主導のケインズ的

---

* 近代社会は、市場化を推進すると同時に、市場の暴走への歯止めとなる協同性を生み出しました。近代の思想家J・J・ルソーは自己愛とあわれみを兼ね備えた自然人を考え、アダム・スミスも、利己心（市場）と共感（協同性）の相互補完性を考えていました。ドイツのリストが市場と財政（上からの協同性）、フランスのワルデック＝ルソーが市場とアソシアシオン、イタリアか市場とアソシエーションおよび社会的協同組合、アメリカが市場とNPO、というように、近代社会は、市場と協同性とをクルマの両輪としてきた、といえます。
** 「第三の道」の政策立案者は、市場を活性化するために衰退したアメリカの社会資本を学校教育で養成することを唱えたロバート・パットナムや、市民動員を地域の再生に結びつけようとするアンソニー・ギデンズら社会学者です。

福祉国家でなく、コミュニティ解体をもたらす新自由主義の政治でもない「第三の道」とは、サービス学習のプログラムを教育に導入して「社会資本」を養い、ボランティア市民を動員して衰退した地域共同体の再生と市民の活性化と愛国心による国家統合をはかり、戦争国家と経済至上社会を維持・強化しようとする「帝国」の政策です。日本でも「第三の道」は、奉仕活動の義務化といった形で現れています。その際、「第三の道」から離脱し、国家の管理と動員をしりぞけて、自己決定性を保持するために、(1) ボランティアの魂と共生の技術を支える市民運動体と、(2) 財政と経営の自立を支える市民事業体とが、市民活動のクルマの両輪として駆動する必要があります。市場化優位、軍事化優位のシステムへの動員の道を切断し、いかにして市民活動の自己決定性とネットワーク性と非暴力性を保ち、より人間的なオルタナティブな市民社会の構築を目ざすかが、市民一人ひとりに問われています。

6
地球という星に棲み直す

1 国家は棲み家か

国家とは何か

　私たちは、外国に旅行をするとき、パスポートの携行を求められます。発行元は「日本国」です。また、私たちは、納税を強制されています。徴税者は国家です。出生から死に至るまで、私たちの人生には国家の影がついてまわります。

　日米安保体制の下での米軍基地の沖縄の負担比率は74％です。沖縄に不条理な犠牲を押しつけているのは誰でしょうか。それは、日本政府であり、本土の「日本人」であり、沖縄以外の日本という国家です。沖縄の人々にとって、国家は「影」どころか、軍用機の爆音の下、日々露骨に服従を強いる巨大な壁です。

　私たちの棲み方を究極的に規定しているのは、国家です。地球という星を国境が隈なく分割しています。この見えない線に替わって、私たちの棲み方を拘束するような強力な線は、他にはどこにもみあたりません。

　では、国家とは何でしょうか。国家とは、地域社会およびその住民を基盤に形成されて、排他的な支配権を行使する統治の組織を指します。その意味では、古代の専制帝国、古代ギリシアの都市国家（ポリス）、オリエントの官僚制的都市王制、ヨーロッパ中世の封建国家などはすべて国家と言えます。

　近代国家は、広い地域社会の上に、排他的な政治権力の機構をつくり、国家主権を宣言しました。最初の近代国家は絶対主義国家で、絶対君主が行政と軍隊を掌握し、中央に権力を集中しました。次いで、市民革命によって再

構成された市民国家は、人権宣言に基づいて国家権力の及ぶ範囲を限定し、社会と国家とを分離して、社会は市民の自治にゆだねました。参政権が拡大した現代国家は、資本主義と社会主義とを問わず、大衆国家といえます。大衆国家は、国民大衆の生活の安定と福祉の保障に責任をもつ福祉国家であり、戦争のときには国民の全体を総力戦に巻き込む戦争国家であり、独裁と全体主義が支配的な全体主義国家であり、経済と社会計画に介入する計画国家であり、行政権の拡大を伴う行政国家であり、官僚制と産業テクノロジーが主導する官僚制的テクノクラシー国家であり、また、国民生活全般の管理を志向する管理国家でもあります。

人を殺しても罪にならない？

人が、他の人を殺しても罪に問われないのは、国家が行なう戦争と死刑だけです。国家がそのような排他的な特権をもっている、としかいいようがありません。国家を国家にしているものは、国家のみが、社会の成員を拘束する最終的な決定を下すことができ、その決定を強制的に執行することができる、排他的な、至上の権力をもつ点にあります。国家は、それを実際に行使するにせよ、行使しないにせよ、行使可能な力として軍隊や警察などの暴力装置を独占的にもっています。

近代の国民国家は、同一性（アイデンティティ）の原理によって構成されています。国民国家の三条件と言われる領域（領土）、国民、主権の概念は、すべて同一律（AはAである）と排中律（AはBであるか、Bでないかのどちらかである）に規定されていて、そのために、国民国家は、一国語、一国民（一民族）、一国家の神話に傾斜しやすいのです。国民国家の同一性が、ナショナルな排他性と社会的排除という暴力の論理的な基盤を形成しています。

よく言われることは、近代国家は、市民の自由と安全を暴力から守り、治安維持と防衛のために独占的な暴力装置をもっている、ということです。しかし、逆の見方もあります。暴力性で優位に立つ団体が住民を支配し、決定を強制し、税を徴収するために暴力装置を独占している、というのです。

国家の暴力は、市民に強制する権利を自ら決定し、法に制定しつつ強制する、その意味で至上の暴力と言えます。

近代における市場経済の発達が民族の形成を促して、市民革命とともに国家を民族単位に統一して国民国家を存立させたとき、一方では、人権と市民権の領域が開かれたけれども、他方では、暴力と富（経済）、すなわち権力と所有の領域が解き放たれて、後に帝国主義と資本主義と呼ばれる領域を突出させてきました。現代において暴力と富（経済）は再結合したと言えます。国家は、経済成長政策、国策民営の大プロジェクト、金融政策を推進して、法の制定による所有権の保護は元より、徴税によって、資本主義経済を支え、同時に、そのことによって、社会的格差、貧困、社会的排除、そして戦争という暴力群を簇生させ、恒常化させてきました。国家は、一瞬にして私たちの生命を消し去ることができる、核戦争の押しボタンにも手をかけているのです。現代国家においては、経済の安定や社会福祉に果たす国の役割と、国家権力の集中や暴力的強制とは、背中合わせです。

東南アジアの小国家

西欧近代に出自をもつこのような現代国家の装置は、人類に普遍のものとはいえません。地球上のことごとくの国家が、行政国家・権力国家の側面をみせてはいますが、地域に固有な物事の決め方、まとめ方をもつ政治社会を、二重国家のようにして裾野に抱え込んでいます。私たちは、東南アジアに、そのような権力国家と異なるタイプの政治社会を見出すことによって、現代国家のありようを相対化することができます。

東南アジアには、古代エジプトや中国の巨大な専制国家と異なる小国家がみられます。文化人類学者のC・ギアツ（1926～2006年）は、バリ島のヌガラ（小国家）が、権力による上からの支配でなく「模範的な中心」である王・宮廷・首都の小国家を舞台にする、集団的な祭儀の象徴行為によって民衆を統合している「劇場国家」であることを指摘しました。矢野暢は、東南アジアの小国家を「河川の支配を権力の基盤とし、分節的でルーズな社会の上に成立する、ヒンドゥーの王権思想に拠る小規模な家産制的権力」と定義して、この型の小国家が19世紀半ばまで、東南アジアの各地にみられたといいます。

O・ウォルターズがモデル化した「マンダラ国家」や、S・タンバイアが記述した「銀河系国家」は、いずれも、王権を中心に様々なリーダーが拡散

しつつ、マンダラ状・銀河系状に取り巻く小国家で、東南アジア全体が重層的なマンダラないし銀河系の世界といえます。

　鶴見良行は、東南アジアの無数の島々の、マングローブの密生する沼地に生まれた、まったく中央集権制を必要としなかった、分権的な移動分散型の社会像を編み上げました。

　こうした東南アジアの小国家の存在は、西欧近代以降、今日の大国に典型的にみられる国家が普遍的なものではないことを明らかにし、国家の発展段階論を突き崩しました。

国家に抗する社会

　フランスの人類学者ピエール・クラストル（1933〜1977年）は、南米の先住民族グアラニを分析して、「国家に抗する社会」を取り出しました。グアラニは現在のブラジル、パラグアイのアマゾンの地域に広がって棲み、盛時には150万人を数えました。しかし、16世紀のヨーロッパのコンキスタ（征服）に敗北し、四散しました。コンキスタに対抗したとき、初めて国家らしいものをつくりはしたものの、グアラニはもともと国家という装置をもたない社会でした。コンキスタがなかったら、グアラニは決して国家をつくらなかっただろうと、その著書『国家に抗する社会』のなかでクラストルはいいます。そして、グアラニは、いまだ国家が欠如している（したがってこれから国家が生まれる）未開社会なのではなく、国家の芽が出てくると、自動的にその芽を摘み取るしかけを内蔵した社会なのだ、というのです。グアラニは、余剰生産物を破壊することで、租税徴収によって存立する国家をあらかじめ回避するメカニズムを、慣習行動として備えていたと言えます。追放の果てに、グアラニは、「一」は悪、「二」は善という神学に到達しました。

　地球上の至るところで見られたふつうの政治社会は、権力国家のタイプよりも、東南アジアの小国家や「国家に抗する社会」ではなかったでしょうか。このことは、過剰な権力の存在を当然のように受け入れてしまう、私たちの内面に潜む自発的服従のメカニズムがつくる国家のイドラ（幻像）を、根元から揺さぶります。

2　地域にともに棲む・地球とともに棲む

共生と自律へ

　国家があるところには、経済・外交・軍事・文化などの様々な局面で、権力の抑圧委譲が起こります。大国から小国へ、中心から周縁へ、北から南へ、国内でもいわば北から南へ、また人間から他の生命系へと、抑圧は順送りされていきます。抑圧移譲の連鎖に並行して、受苦の連鎖が紡がれることはいうまでもありません。権力者の立場でなく、受苦－共苦の立場に立つかぎり、私たちは、いわれなき受苦からの救済と正義への逆転を導き入れるほうへ、思考を進めないわけにはいきません。

　日本では、社会（市民主体の共領域）と国家とが混同されがちであるばかりか、国家が大幅に社会の領域を占有しているのが特徴です。私たちは、社会と国家を区別した上で、この両者の関係を逆転させ、私たちの棲み家である社会を、救い出してくる必要があります。社会が国家から失地回復する回路として、次の二つのことが考えられます。

　第一に、生産力主義的な労働の領域が、相互性の領域を大幅に侵犯していますが、もう少しこの産業的労働の領域に退いてもらって、相互性と共生が本来の領域を回復することが望まれます。

　第二に、他律的決定の領域が自己決定の領域を大きく侵蝕し、植民地化している現実がありますが、他律的で強制的な決定の領域を撤退させて、自己決定、つまり、自治や分権や共同的な自律の領域を取り戻すことが求められます。

　共生へ。そして自律へ。その身体の動きが、過剰な権力国家を内破する（内側から破る）導き手となります。この内破とともに、今後の政治社会のあり方が、まともに議論の対象となるべきでしょう。正義、自由、平等、平和、友愛。こうした古くて新しい政治社会の理念が、大いに議論されるべきであり、共和政の可能性もまた、問うに値する問題ではないでしょうか。

国境を超えるやりとり

　市場でも戦場でも「反応速度が生死を分ける」（ビル・ゲイツ）デジタル時

代に、アメリカ政府、金融資本、巨大資本、多国籍企業主導の新自由主義と地球化（グローバリゼーション）とりわけ地球市場化は、南北格差と社会的格差、貧困と地域の荒廃を生み、テロリズムと戦争を増殖させてきました。市場と戦争の地球化と共に国家の役割はかえって強化されてきたのではないでしょうか。権力と市場のネットワークに沿うように、市民のネットワークも地球規模に広がりました。

　組織とメディアの変化、インターネットの普及、そして何にもましてやりとりのほうへ向かう人の意識の変化が、国境を超える活動を生み出しています。やりとりへの関心に突き動かされて、世界中の若者がパソコンで日常的に交信するオンライン・コミュニティを、1985年に自分たちでつくりました。

　第二次世界大戦の惨禍、とりわけ南京事件、ヒロシマ、ナガサキ、アウシュヴィッツの経験。また、ベトナム戦争の経験や、カンボジアのサハコー（集団協同労働組合）での強制労働と虐待死、およびポルポト派による粛清、中東での戦争。そして次第に明らかにされてきたスターリニズムの経験。中国の天安門事件の経験。こうして、資本主義と社会主義とを問わず、また先進国と第三世界とを問わず、幾度となく流されてきた人々の血の上に、絶対視されてきた国家主権を問い直す動きがみられます。国連やEU（欧州連合）など、国家主権を制限する、より上位の組織の活動が蓄積されてきました。

　イギリスの哲学者バートランド・ラッセル（1872～1970年）の提唱で、アメリカ政府のベトナムにおける戦争犯罪を裁くために、1967年に開かれた「ラッセル法廷」は裁判長を務めたフランスの思想家J・P・サルトル（1905～1980年）がいうように、「民衆のなかから発し、民衆の倫理的要請に答えて法の次元を示す法廷」であって、無権力であるがゆえに、かえって、人間が国家の悪を問うた思想的意義は大きかった、といえます。

　また、自由化、民主化要求、民族自立の要求、地域分権の動き、非核都市宣言、そしてNGO（Non-Governmental Organization, 非政府組織）など、人々の民際行動が生まれています。

　もう一つ、いわば国内の国際化の問題があります。在日韓国・朝鮮人の差別からの解放、アジア・アフリカ・中東からの難民の処遇、急増する外国人労働者の問題など、内側から国境を超えるやりとりも広がりつつあります。

植民地主義と戦争、格差と貧困のなかから

　地球市場化が、社会を分断し、深刻な社会的格差と貧困をもたらしました。2011年、チュニジアやエジプトで独裁体制を倒した民主化要請のデモを起点とする「アラブの春」を根底に、インターネット「ツイッター」や「フェイスブック」で覚醒した市民たちの格差への怒りとともに、市民権および民主政治への問いを認めることができます。

　「（金持ちは1％）私たちは99％」「99％の民主主義を」というキャッチコピーを掲げた「反格差」の市民が、「格差の元凶」と呼ぶニューヨークのウォール街の公園を「占拠」して、非暴力、直接民主主義の公共空間を拓きました。「反格差」の運動は、1000都市に拡がりました。日本でも、脱原発のデモが続く中、市民団体「経産省前テントひろば」が東京・霞ヶ関の経済産業省の敷地内のスペースを「占拠」して、脱原発を訴えました。デモを通して市民は政治の客体から主体へと変身したと言えます。しかし、政府と市民活動との間にあって民意を直接政治に反映させる回路は、いまだ見出されていません。

　中東・アフリカ・アジアで、「アラブの春」の広がりのなかで生じた統治のすきまを埋めるように、武装組織が出現しました。「イスラーム国」を名乗る武装組織は、西欧列強による植民地支配、そしてとりわけイラク戦争による廃墟のなかから生まれました。統治が行われ、税収入があり、社会的インフラを整備した「擬装国家」で、格差と貧困に抗い、「聖戦」に共鳴する若者たちをひきつける一方、クルド系のヤジディ教徒の大量殺害や奴隷制など、狂気のヒビモス（怪獣）という側面もあります。空爆が一般市民をも犠牲にして、子どもが1人死ぬごとに「イスラーム国」加入志願者を10人ふやすと言われる以上、軍事介入で中東に「新たな植民地支配」を展開することは、何ら根本的な解決にはなりません。植民地主義が生んだものを、同じ植民地主義が収束することはできないのです。中東のことは中東の人々の自律と共生を目指す協同の決定に委ねるという方向性が見定められることが必要です。

「戦前の風景」を反転させる

　イアン・ブルマは『廃墟の零年1945』のなかで、第二次世界大戦後に絶望の淵から立ち上がった人々の「二度と再び」という希求の結晶として、限界があるにしてもと言いながら、三つのものを指摘します。福祉国家および地域統合、日本国憲法第9条の平和主義、そして国際連合です。戦後史上の世界の営為の一つとして取り上げられた、日本国憲法の平和主義は、今や風前の灯です。

　第二次世界大戦後も、4回の中東戦争、朝鮮戦争、ベトナム戦争、アフガニスタンでの戦争、湾岸戦争、イラク戦争と数え立てるまでもなく、戦争の時代は継続中であり、日本は何らかの形で多くの戦争に関わりをもってきました。それでも、戦争の時代を終結させて永久平和のはるかな見通しに近づくために、憲法第9条永久不戦の理念は、核の傘の下と日米安全保障体制という矛盾を抱えながらも、なお、人類史へのかけがえのない贈り物でした。

　しかし今日、未来志向の名の下に、日本が行った植民地支配と侵略戦争の歴史をできるだけ薄めて、その延長上に、特定秘密保護法と集団的自衛権の行使容認を決定して、安全保障体制を改正し、自衛隊派遣の恒久法を新設することで、実質的に憲法第9条を停止して、地球上の至るところで武力行使を可能にする軍事国家への大転換が進行中です。そのことと関連して、沖縄に米軍基地を押しつけ続けてきた上に、沖縄の人々の民意をまったく無視して、更に増強された新基地の建設が進められています。

　2011年の内戦以降と限っても、シリアでの戦争による死者は18万人を数えます。イラクでは、日々子どもを含む100人ほどが戦争の犠牲になっています。「二度と再び」という死者たちの希求、そして今日も明日も不条理の死にさらされている無告の人々の聞こえない声に耳を澄ますなら、眼前に開かれようとしている「戦前の風景」は、反転させなければならないと考えます。「(戦争ができる、強い) 日本を取り戻す」(安倍晋三氏) よりも、「人間と他の生命系の生を恢復する」ことの方が大切なのではないでしょうか。

地球とともに生きる

　宇宙船アポロ九号に乗って、1969年に地球を151周したアメリカの宇宙飛

図　月から見た地球

行士ラッセル・シュワイカート（1935年〜）は、宇宙船の外に出て、宇宙空間に一人ポツンと浮いて美しい地球をみたとき、エゴが消失するハイの瞬間に、自分が個人でなく、人間という種のセンサー（感覚器官）にすぎないと感じ、人間という種と生きている地球との、かけがえのないつながりを見取りました。

　ラブロックは、地球は生きていて、自律的に進化しつつある一つの巨大な生物であると考えて、ガイア（ギリシア語で地母神の意）と名づけました。巨大なガイアに棲む人間は、バクテリアのような存在です。ガイア仮説を信じるにせよ、信じないにせよ、宇宙から地球をみる宇宙飛行士のまなざしは、私たちの人間観と地球観に、コペルニクス的転回を迫るものです。もっとも、「宇宙船地球号」という、アメリカの経済学者ケネス・ボールディング（1910〜1993年）の考え方は、あまりコペルニクス的転回的とはいえません。なぜなら、宇宙船地球号は閉じた系で、かぎられた資源のリサイクルという発想しか、そこからは出てこないからです。すでにみたように、地球は定常開放系であり、したがって資源の固まりではなく、一つの息づいている命、生命系なのです。

ところが、ガイアに棲むバクテリアのような人間は、本物のバクテリアと違って、排泄物、廃棄物を分解するどころか、むしろ分解不可能な廃出物で地球を汚染し、地球のエントロピー処理機能を破壊して、まさにガイアを殺しにかかっています。フロンガスによるオゾン層破壊、炭酸ガス濃度の増加に伴う温暖化現象、熱帯雨林の伐採、酸性雨の広域化、合成洗剤による水質汚染、海洋汚染、チェルノブイリ原発事故、福島原発事故などは、局所的な汚染にとどまらず、全地球的な規模の環境破壊といえます。

　人間がいなくてもガイアは生きられますが、ガイアなしに人間は生きられないのです。今こそ、人間と人間とが、国境を超えて地球市民として、地球の上にともに棲むばかりでなく、人間という種が地球とともに生きるという発想が必要なのではないでしょうか。

▶▶▶ 参考文献

カント、イマニュエル（篠田英雄訳）『啓蒙とは何か』岩波文庫、1950／2002年。
倉沢進・秋元律郎編『町内会と地域社会』ミルネヴァ書房、1990年。
クラストル、ピエール（毬藻充訳）『大いなる語り——グアラニ族インディオの神話と聖歌』松籟社、1997年。
栗原彬『「存在の現れ」の政治——水俣病という思想』以文社、2005年。
杉山光信『戦後啓蒙と社会科学の思想』新曜社、1983年。
田村明『まちづくりの実践』岩波新書、1999年。
利谷信義『家族の法』有斐閣、1996年。
パットナム、ロバート（河田潤一訳）『哲学する民主主義——伝統と革新の市民的構造』NTT出版、2001年。
原ひろ子『ヘヤー・インディアンとその世界』平凡社、1989年。
ブルマ、イアン（三浦元博・軍司泰史訳）『廃墟の零年1945』白水社、2015年。
山根常男『家族と社会——家族生態学の理論をめざして』家政教育社、1998年。

V

共に生きる

IV

3.11後の生き方を考える
———共生への身振り

1 「つながりの貧困」を超えて

 2011年の11月のことですけれど、水俣・白河展を水俣フォーラムとアウシュビッツ平和博物館との共催で、福島県白河市で開かせて頂きました。
 そのときに「子どもたちを放射能から守る福島ネットワーク」のお母さんたちが水俣・白河展を訪れました。お母さんたちは「水俣と福島はそっくり同じ」という感想を残しました。
 同じことを私も気がついていました。最初は大きな地震の揺れのなかでテレビを見て絶句する光景が続いていたわけですけれど、時間がたつにつれて水俣と東北の被災地、とりわけ福島との共通点に気がついていきました。色々な意味で共通なのです。地震や津波ということもあるけれども、少なくとも原発災害については、これは人間の引き起こしたことです。福島で起こったことと水俣で起こったことは、共通の構造があるということがわかってきました。
 それから、構造に対して闘う人たちの言葉も共通です。大袈裟な闘いではないのです。本当に日常の地を這うようにして自分のいのちを守る、生存をかけた闘いになっていくのですけれど、構造に抗ういのち・生存・希求といったことがそこに共通点として浮かび上がってくる、そういうことを感じました。
 水俣もまた、水俣病闘争の初期に水俣病の患者たちは、石牟礼道子とともに、足尾と谷中村を訪ねているのです。そこで明治期以来ずっと続いてきた足尾鉱毒事件、谷中村事件を学んでこられました。そのときの感想でも、水

俣と谷中村で起こっていたことはそっくり同じ、と言われています。
　そうすると足尾・谷中村と水俣と福島と、時代も場所も異なりますけれど、そこに共通点があるということです。まさに私たちが目にしているのは、福島であらわになってきた、政・官・財に学が加わった、政・官・財・学の利益と権益。それが、公益の名において先行している。あるいは、国益の名において進められているということです。国益といのちを切り捨てることがワンセットになっている構造が見えてきている。私は、生産力ナショナリズムという言い方をしていますが、そういう構造が根本にあると思います。
　生産力ナショナリズムとは、生産力が増せば増すほど人間は豊かになって、幸福になるというイデオロギーであり、政策です。国家全体の生産力を高めることを優先する点で、それはナショナリズムと言える。形を変えて、経済成長至上主義と言ってもいいと思います。そういうものが、明治期の富国強兵に始り、太平洋戦争中の生産増強、そして戦後の高度経済成長に至るまで見て取れる。
　さらに、問題はグローバリゼーション、グローバルな市場化で、地球の市場化に至るまで生産力ナショナリズムが一貫してあるということです。それに新自由主義の政治の権力が働いて、自己責任とか自助努力、優勝劣敗、格差が生じてもそれはお構いなしという、いのちの切り捨ての構造がやはり出てくる。そこに労働市場の再編成の問題があったり、不安定雇用の増大とか、長期失業の恒常化やワーキングプアといったようなことが世界的な現象となり、問題になっているのです。
　格差とともに貧困という問題が出てくるのですが、これは経済的な貧困だけではないのです。経済成長至上主義の政治がコミュニティを解体してしまったし、セーフティネットも崩壊させ、社会福祉も縮減しています。とりわけ生活保護の縮小の問題などは、あきらかに露骨過ぎるくらい、政策として進められているのが現実です。さらに再分配機構としての労働組合の解体という問題があります。
　こういったことが重なって、ここに社会関係の切断、分断ということが出てきます。ミーイズム（利己的個人主義）の進行を導き「つながりの貧困」という状況を生み出しています。経済的な貧困だけではないのです。むしろ

このつながりの貧困が、構造的に問題になっているのです。

こういうことが、じつは３月11日以前から進められてきた構造であるし、３月11日以降はむしろそのことが増幅されて現れたと言えます。その後の政策、あるいは政治のレベルを考えてみても、構造は持続しているわけです。

そのなかで立ち上がる人たちが出てくる。それは当然のことです。自らの生存を賭けて闘う、立ち上がる人たちが出てきている。その人たちを私たちは３月11日以降福島で見ました。水俣でも見ましたし、谷中村でも見ました。普通の人たちが立ち上がって、つながりの貧困を超えていく、構造的な抑圧を超えていく、そういう営みを見せてくれました。私たちはそこに立ち向かうときに、突きつけられた事実そのものの前で、たじろがざるをえない。

放射能が"降り注ぐ闇"のなかから届けられる、「放射能が降っています。静かな夜です」とつぶやくように語る、福島の詩人和合亮一の詩を、私は心臓を射抜かれる想いで聞きました。それはもうほとんど言葉を超えて私たちのからだに訴えかけてくる声です。声が構造と生存のせめぎ合いのなかから立ち上がって来る。そのことを受けとめるしかありません。そこから聞こえて来る声に耳を傾けるときに、言葉を失って、自分の無力さを一方に感じながら立ち尽しているしかない。しかし、同時に問いが生まれるというか、問いが突きつけられる、そういう感じを持ちます。それは被災地をどういうふうに支援するかという問題よりも前に、被災地の声が「貴方はどのように生きるか」という問いを突きつけているように思います。

和合の詩「決意」は、「福島に風は吹く」から始り、「福島に木は芽吹く」「福島に泣く」「福島は青空です」と続いて、「福島で生きる／福島を生きる」で終わる。この詩のなかで、とても心を打たれたのは、「福島は私です。福島はあなたです」というところ。「福島は私です」と被災者の方たちは言うかもしれません。だけど、私たちが「福島は私です」と言えるようになるときは、福島との距離を見切りながら、「私はどのように生きるか」と自らに問うている。そのときは「福島はあなたです」ということも言えるようになる。そういうような関係と連鎖です。こういうことが声に促されて、からだに起こっていると思うのです。

私が今日お話ししたいことは、人間の生き方についての問いなのですが、

それはこういう、いのちを切り捨てるような構造があって、構造と生存とが、せめぎ合っているような場所で立ち上がってくる生き方です。そういうものが、誰かがやっているというのではなくて、じつは、私もそういう場所に立っているし、あるいは立つ可能性があるし、あなたもまたそうなんだ。遠くにいてもそういうことを想う。遠くにいる人についても「福島はあなたです」「福島は私です」と言えるようになる。そういうような受難の場所での立ち方があって、声に対する応答は、私は「身振り」だろうと思います。これは言葉で「絆」とか「コミュニティの復興」とか、勇ましくて、耳触りのいい言葉をいくら言ったって本当のつながりにはならない。そうではなくて、私たちが受難者とのつながりを持つことは、その人の「ほとりに立つ」ということ、ほとりに立つという身振りが出来るか、ということだと思います。

　私が学んだことは、こういう生き方に心打たれました、心臓を射抜かれました、という形でお話するしかないと思っております。お話ししたいことの最初は、地域のなかに共生という身振りを増幅するということです。

2　地域のなかに共生という身振りを増幅する

　埼玉県に「わらじの会」というグループがあります。障がい者と市民が共生するグループですけれど、暮らしセンターとか生活ホームとか、あるいはケア・システム、ブティック、デイケア、それから越谷市、春日部市の障害者生活支援センターも含まれています。それらの総称をわらじの会といいます。草鞋を作っているわけではないのですが、わらじの会といいます。私がこのグループの方々と初めて接触したとき、衝撃を受けました。地域という概念が変わってしまったのです。地域というと、私たちはすぐコミュニティを考えるのですけれど、そういうことではなく、具体的にいえば地域のなかに家族があり、学校があり、職場があり、街なかがある。この場所は、差別や排除を抱え込んでいるということなのです。私たちは差別や排除を切り捨てた形で、コミュニティとか、コミュニティ福祉などと簡単に言ってしまいますが、そうではなくむしろドロドロした差別や排除まで抱え込んでいるということを認め、そこから出発するということなのです。

そこに差別や排除も含めて、みんな一緒というしがらみのなかから、せめぎ合いとぶっかり合いのなかから共生の方へ、編み直していく。差別や排除を切り捨てるのではなくてむしろ抱え込んでいって、そのなかから共生を編み出していくという発想なのです。これはすごいと思いました。最初、このグループは４人の障がい者の「つぐみ部屋」から始まったといわれています。つぐみ部屋とは、４人の障がい者が外に出れば嫌な思いをする、ということで４人が閉じこもっているのです。いわばつぐんでいるのです。そこから出発するのです。1978年にこのわらじの会がスタートするのですが、障がいのある人もない人も、共に一緒に街で生きようということがテーマなのです。

　このことを聞いたときに、私はデンマークのニルス・エリク・バンク-ミケルセンのノーマライゼーションの理念を思い浮かべました。彼は、カリフォルニア州立の障がい者の大規模収容施設の悲惨さを見てショックを受けます。彼は帰国してからノーマライゼーションを提唱します。しかし、わらじの会は、これは「分けられたところから平等に、対等に」という発想だと言います。つまり、障がいを持っている人と持っていない人をはっきり線引きしている。その上で関係が対等だ、同じ人権を持っているのだと言っているに過ぎない。それでは本当の意味での共生にはならない、と言います。「分けずに一緒に」というのがわらじの会の考え方であり、そこがバンク-ミケルセンのノーマライゼーションの考え方と違うと言います。家族、学校、職場、街なかで、人々が生活を共にするしがらみのなかで、結果的に色々なぶつかり合い、せめぎ合いなどをなんとかしのいで、みんなが一緒にふれ合い、認め合って生きていくということになると、自然に支援が出来る、結果が出てくると考えるのです。それをナチュラルサポートと呼んでいます。

　そうすると福祉的支援というのは、ナチュラルサポートを支える限りで意味があることになる。わらじの会には、色々なグループがあるのですが、そのグループの末端に越谷市と春日部市のそれぞれの障害者生活支援センターがぶら下がる形でついているのです。そういう考え方はとても面白いし、大事な発想だろうと思います。

　この考え方はどこかで聞いたことがあると思ったのですが、山下浩志が編纂した『地域と障害——しがらみを編みなおす』のなかで「娑婆」という言

葉を使って書いている。娑婆は、そういう矛盾も差別も対立も含めて、だけどそこにみんながいる。そこから始る。そういう意味の娑婆なのです。これは水俣でも水俣病患者の浜本二徳が「じゃなか娑婆」という言葉で表現しています。「そうじゃない娑婆」という「今のようじゃない別の娑婆」という意味です。親密さもせめぎ合いも含んでいる、そういう娑婆なのですが、それを今のようでなく、もう少し共生の方に編み直していこうという考え方です。助け合いと排除や差別を背中合せにしたドロドロしたものをお尻につけているわけですから、なにかを切り捨てるのでなく、みんな一緒に生きやすい社会にしていきたいというのです。これは市民と水俣病患者というように線引きしてしまうのではなく、一緒にいるなかで少しずつ共生の方へ思考をずらしていこうよ、という発想です。地域のなかに、そのようにして共生という身振りを増幅していくということは、同時に地域のなかに小さな公共性を育てるということになります。

3　小さな公共性を重ねる

　小さな公共性。これは、東北大震災と福島原発事故を通していくつも見られたことです。無数の小さな公共性の重なり合いがありました。

　大阪の釜ヶ崎は日雇い労働者の街です。福島原発事故の後、放射線量の高い所に、ほとんど騙されるようにして釜ヶ崎からも労働者が送られていくのです。高い放射線量を浴びても何の結果も報告されていない、ひどい状態が今でも続いているわけですが、そういう状況のなかでも釜ヶ崎の日雇い労働者のなかに「そういう場所には行くな、自分のいのちを大事にしろ」という呼びかけをする人がいました。

　シスター・マリア・コラレスは、ある夜、釜ヶ崎で夜まわりに出かけたとき、こんなことがあったと報告しています（岩淵拓郎「よくある話、もしくはどこでもないここについて」NPO法人ココルーム編『記憶と地域をつなぐアートプロジェクト』）。リアカーの上で寝ている人がいましたが、その人を起さないで、おにぎりを近くに置いて立ち去りました。夜まわりの帰りに同じ場所を通りかかると、男が目を覚ましていたので、「さっきここにおにぎり置い

た」と言うと、その男は「いや、そんなものは無かった」と答えた。そこでマリアは「今度配るときには見えないように隠して置くわ」と言いました。すると男はマリアの顔をじっと見て言ったそうです。「なんでそんなことを言うのか？　たまたま通りかかった人がお腹が空いていた。だから食べた。それでいいじゃないか」と。一寸考えてみれば、おにぎりはあきらかに盗られています。おにぎりは盗られた、つまり泥棒されたという側面と、一方では、誰が食べたっていいじゃないか、お腹が空いていたから食べたんだ、それでいいじゃないか、という意味での助け合いの側面もあります。本当にさりげなく、小さな公共性なのです。

　こういうものが丹念に紡ぎ合わさっていって、初めて釜ヶ崎の共生といえるような状態が生まれてくるのです。小さな公共性という意味での共生の積み重ねの上に地域の共生を制度化する試みも出てくるのです。ドヤ街のドヤ経営者と労働組合は水と油みたいに対立しているのです。しかし、それを乗り超えていくことが出来る。こうした小さな公共性の積み重ねの上に、両者の和解があって初めて、路上生活からケア付きマンションまで居住の10段階という制度化の試みが行われたのです。こういうことも、小さな公共性を積み重ねるというところから出ているのです。この考え方のポイントは、小さな公共性は非営利で非統治だということです。非営利、金儲けのためではないというのが一つ、それから、誰かに支配されたり、誰かを支配することがない、そういう意味の市民的な公共圏です。しかし普通、市民的な公共圏というとそうではありません。ここのところが大事だと思います。

　公共性というと公論の次元に絞られて話が進行します。しかし、このおにぎりを誰が食べたっていいではないかという考え方のもとには、公益という次元があります。公論の次元ではまったくないわけです。公益、何がその人にとっての公的な価値なのか、ということです。こうした公益の次元、それから、公論の次元があります。それから、そのことを誰が決めるのか、という公的な決定を誰が下すのかという問題があります。これが実際にそこに住んでいる当事者の公的な決定でなければなりませんし、そこに住んでいる人たちの公益でなければなりません。そのことが保障される言論のレベルの公論というのもまた保障されなければ何の意味もないのです。

原発立地をめぐっての公益、公論、公的決定という三つが、公共性という問題から外せないのです。私たちがこのような場合の公共性というのを公論の次元だけで捉える見方を抜け出ていかないと、実際に被災した人たちの苦しみなどを、私たちはまったく受けとめていないということになります。そこから出てくる公益の考え方と公的決定というポイントを外さないようにしたいと思います。

　このことを考えるとき、先ほど足尾・谷中村、それから水俣、さらに福島という三段跳びみたいな話を申し上げたのですが、足尾の事件のときに、こういうことがありました。明治23（1890）年8月のことですけれど、渡良瀬川が大洪水を起こす。そのころ足尾銅山の開発が進んでいて、山は、精銅のために立木が燃料として使われて、それから煙害もあって丸坊主になっていた。そして、産業廃棄物として堆積されていた銅の毒を含んだ残滓が、洪水で渡良瀬川に流されたのです。この最も大規模な最初の出来事が、明治23年8月の大洪水だったのです。それで、沿岸の農家の稲が枯死する。また養蚕のための桑が枯死する。さらに渡良瀬川は江戸時代から鮎漁が盛んな所でした。明治期の大洪水が起こる前には、鮎漁をする漁師の家が沿岸に三千軒ありましたが、これが全滅するのです。明治23年ににわかにということではなくて、それ以前から少しずつ漁に障害が出てはいました。しかし、明治23年8月の大洪水で、沿岸は全滅に近い大きな災害に見舞われたのです。

　そのときに、東京専門学校（現在の早稲田大学）の学生で足利出身の長祐之が故郷に戻ったのです。故郷の惨状を見て、佐野や足利の役所をまわって統計データを手に入れました。そして『下野新聞』の明治23年10月11日と12日号の2日にわたり「足尾鉱毒を如何せん」という投書をしました。

　そこで言っていることは、「私益を持って公益を害すべからず」ということです。私益とは銅山のことです。その当時、銅は外国へ輸出をする、また近代化を急いでいる日本にとって銅はすごく必要でした。国と県と企業は、その意味で精銅は公益であり国益だと言っていたのです。そうすると、国益の前に沿岸の農民と漁民がひどい目に遭っても我慢しろ。お前たちがやっているのは私的な営みではないか、それに対し国がやっていることは国益であり公益なのだからお前たちは我慢しろ、ということになる。

そういう言い方に対して長祐之は、そうではない、精銅は鉱業（後の古河鉱業）の経営者、古河市兵衛と政・官・財の利益と権益であり、私益である。その私益の余りで国家に寄与する、その意味では公益と言えるかも知れないけれど、これは間接的な公益にとどまる。それに対して、いのちの持続に直接寄与する農業と漁業は、直接的公益である。「直接的な公益は間接的な公益に優先する」という定言命題を述べているのです。それから1年後に、田中正造が議会で鉱毒を告発する演説を行ったのです。

一人の地元の住民が、こういうもう一つの公共性の論陣を張っているのです。「私益をもって公益を害すべからず」「直接的な公益は間接的な公益に優先する」この二つの命題は、今日でも生きています。水俣でも言えるし、福島でも言えることです。確かに電力は公共性と言えますけれど、それは間接的なものであって、それよりももっと大事ないのちを支える、生存に関わるような直接的公益がもっと手前にあるではないか。その意味で、脱原発は当たり前のことです。

4　アートでつなぐ

こういう小さな公共性を積み重ねるということは、言葉を変えると、広い意味で、それは「生存に関わるアート」と言えると思います。そういう不条理な構造と、それから生存ということが、まさにせめぎ合っている場所から発せられる生存の言葉としてのアート、それが私たちを動かすのです。

新聞の投書のなかに見つけた、福島のお母さんで、郡山市に住んでいる方の投書です。生後5カ月の子どもを抱えて、放射能の降るなかを、家の内にひっそりとしている、息を詰めて生活している。そういうなかで童謡が口をついて出たといっています。それは「七つの子」だったり「黄金虫」だったり、子どもに歌って聴かせているのですが、自分が歌うことで、生きることを励まされるという想いがした、と言っています。そうすると、その歌というのは、本当にその人が生きのびていくときのアートになっている、ということがわかります。和合の詩が生まれるということと一緒ですし、そういう意味の生存に関わるような、生きることを励ますような言葉や身振りという

のは、広い意味でアートといえます。それが、とりわけ被災地で私たちの心を射る形で出てきます。分析する言葉より、詩の言葉がなぜ強いのか、心を震わす声がなぜ出てくるのか。

2011年8月15日、福島市郊外での音楽祭と"つなぐ"パフォーマンスとして、「フェスティバル FUKUSHIMA!」というイベントが開かれました。

このイベントは、福島高校出身のアーティストたちが行いました。和合亮一と音楽家の大友良英、元スターリンの遠藤ミチロウなどが仕掛人です。坂本龍一や二階堂和美、遠藤賢司などがノーギャラで参加しました。音響や照明、ステージ運営などは全部手弁当で行ったのです。ただ、仮設トイレとかステージ設営、飲食、交通整理、これらは仕事がなくて困っていた県内の業者の人たちに声をかけたりして実行したのです。素晴らしい試みだと思います。

そのときに「福島大風呂敷」というパフォーマンスもありました。これは会場の芝生の上に、みんなで持ち寄った布を縫い合わせてつくった風呂敷を広げました。スタッフ、出演者、観客、市民が協力して6000m^2の巨大な一枚の大風呂敷で地面を覆ったのです。このパフォーマンスの提唱者の一人だった放射線衛生学の木村真三は「この大風呂敷一枚で衣服のセシウム汚染をある程度防げる」と言っていたそうです。福島大風呂敷というのは見えない放射能を可視化する絶妙な仕掛けです。布一枚を隔てて放射能と共に生きるという福島の人たちの逃れられない日常を、そこに参加した人たちが身体的に体験出来るわけです。それと同時に逃げようのない船上の同乗者として共苦に近づくことが出来ます。共苦をくぐらないと共生はなかなか出来ない。生きのびるというときにそのような経験があったということです。こういうことは、場所を変えても実際に色々あります。

たとえば釜ヶ崎の「むすび」という紙芝居劇の劇団があります。平均年齢が85歳というグループです。釜ヶ崎に来るまでに、路上生活を経験した人たちばかりです。この人たちが紙芝居劇をやっています。劇はみんなで考えるのですけれど、浅田浩という天才的な作家が、路上生活も経験した方ですが、その人が案を出して、みんなで絵を描いて、紙芝居劇を上演しながら、役柄をそれぞれに振り分けるのです。それぞれの声を出しながら、ときには踊り

も踊ったりします。そんな劇団です。

「ねこちゃんの人生スゴロク」という浅田浩の考案した紙芝居劇があります。彼はもう亡くなったのですが、これは彼の傑作の紙芝居劇の一つです。"ねこちゃん"は人間の"ぶんちゃん"という女の子と仲良しなのですけれど、ある時はぐれてしまうのです。ぶんちゃんを、はぐれたねこちゃんが探して歩くという物語です。

最初にアリさんに出会うのです。アリさんに「ぶんちゃんどこにいるか知らない？」と訊きます。するとアリさんは、「どこどこにいるよ」とは教えないのです。しかし「どのようにすればいいよ」とアドバイスをします。「どこまでもまっすぐに行けばいいよ」といかにもアリらしいアドバイスをしました。ねこちゃんは、まっすぐに行きます。すると今度はコアラに出会います。コアラは「ゆっくりゆっくり行くといいよ」と教えます。直接「どこどこに行くといいよ」という教え方をしないのです。

それはつまり、ぶんちゃんを探して歩くねこちゃんの主体性ということなのです。ねこちゃんがあくまでも主体であって、支援する人が主役にならないのです。支援する人が、いかにもでしゃばって主役面していて、それでいてじつは謙遜した身振りをするというのは、実際は押しつけている、人を支配するという構図になってしまう。そういうところを釜ヶ崎の人たちは、自分たち当事者がどうやったら主体になれるかということを考えているのです。ですからこの紙芝居には支援のあり方というのが、とてもよく投影されているのです。

こういうことを見ていくと、放射能の降るなか、子どもを抱えて童謡を歌う福島の母、あるいはフェスティバルFUKUSHIMA!と福島大風呂敷、それから釜ヶ崎のむすび、こういうアートを通底するものを考えたとき、大事なポイントがいくつか浮かび上ります。それは、まず、あくまでも当事者起点だということです。支援者が起点ではないのです。支援者が「福島はあなたです」「福島は私です」と言えるように、そういうふうに、私もまた当事者の場所に、そのほとりに立っている、そういうことが出来る身振りが第一です。

共助というか、つながりというか、「つながりのアート」はすべてつなが

りの貧困ということが前提になっていて、それを超えてのつながりです。
　それから、歓待と異交通ということがあります。歓待とは、人を拒まないということです。そこには歓待と贈与が常にあります。異交通というのは、異なる文化コードを持っていても、異なる考え方を持っていても、どうやったらそこに交通が可能になるか。異なる人が、異なるままで一緒にいられるとはどういうことか、そういうことをその言葉に含んでいます。
　離脱と関係の物語。これはどの場所であっても離脱していく、難民になるという可能性を私たちはいつも持っているわけですが、そこにまた戻るということもありますし、遠隔地にありながらつながりがある、という生き方もあるのです。その人のほとりに立つという身振りがあれば、遠くにあっても、そうしたつながりが生まれる。ですからコミュニティという今までの発想を超えるような、遠くの人に想いを届ける、こういうあり方は十分ありえます。
　こうした、つながりのアートというのは、皆ブリコラージュ（bricolage/器用仕事）です。手元にあるものをかき集めてやるということです。
　生活のなかのアートは、身振りとハビトゥス（habitus）で表されます。ハビトゥスとは慣習行動という意味です。ハビットという英語にあたるラテン語で、これは私たちが身振りを重ねることで獲得したり、変えたりしていく。電力をふんだんに利用する、そういう生活があたり前だと思っているところに、たとえば電気の使い方ひとつにしても、私たちがハビトゥスを持っていれば、そこに節電という身振りが出てくる。そして、私たちのハビトゥスが変わるわけです。ハビトゥスが変わるということは、じつは生き方が変わるということにつながる可能性があるのです。ですからハビトゥスを変えるということはとても重要になります。
　「おむすびを盗ってはいけない」という発想、それがハビトゥスだったかも知れません。しかし、「誰が持って行ってもいいよ」という、そういうハビトゥスで生きるようになったら、考え方が全然違ってくるのではないでしょうか。そこには少なくとも、所有とか盗難という考え方がなくなるかも知れません。ハビトゥスは身振りと共に大事なことで、私たちが言葉で「絆」などと言うより、もっともっと大事なつながりを表す身振りがあるでしょうし、遠方の人たちとつながる身振りもあるかも知れません。それを繰り返す

ことで、私たちはハビトゥスを獲得する。そのことは小さなものかも知れませんが、そこから始めるしかないのではないでしょうか。福島を見て、水俣を見て、谷中村を見てというようにもとをたどって行くと、そうしたことが見えてきます。

　それが、きわめて地域に特殊のように見えて、じつは同時に地域を超えるものでもあるわけです。子どもについての私たちの関係、子育てというのは贈与といってもいいのですが、子育てというのはハビトゥスなのです。贈与とか歓待とかです。子どもの存在によって大人が生かされる、そういう局面があります。和合亮一の語りのなかでも、被災地で水を求める行列のなかで、子どもの声が聴こえる。それがどんな救いになったか。そのことを思います。子どもは自分の子とは限らないのです。子どもという存在がどんなに大事か、私たちが生存ということを考えるとき、これは地域を超えています。誰だって人間は赤ん坊として生まれて、まったく無力で生まれて、それを育てるという行為は歓待であり贈与なのです。地域に生きながら、地域を超えているのです。こういう広い意味での生き方としてのアート、これが、私たちが受難の場所から教わること、学ぶことです。

5　自発的服従のハビトゥスを組み替える

　つながりのアートは、共生というできごとを日常の身振り・ハビトゥス・運動に表して、自発的服従のハビトゥスを組み替える。

　原発について私たちが安全神話を鵜呑みにしてきた限り、それは自発的な服従であったと思います。私たちが、電力は公共性という葵の御紋みたいな呪文に引っかかって「その通りだ」と思ってきた。それが間違いだということがよくわかったわけです。そのことを別の身振り、あるいは、ハビトゥスに変えていく、あるいはこれからの運動に表していく。そういうことがあって良いと思います。身振り・ハビトゥス・運動は相互に関わってきます。

　水俣の共生のハビトゥスについてお話ししたいと思います。女島の漁師の緒方正人は「水俣病患者の緒方正人さんです」と紹介すると、そういう紹介の仕方をしてくれるなと言うのです。自分は百パーセント水俣病患者ではな

いのだ、漁師という側面があるし、父親でもあり人間という側面もあるではないか、と言います。彼は水俣病者として誇れることが三つあると言います。

一つは、「毒魚とわかっていても、なお魚を食べ続けたこと」です。誰でもどうかと思うでしょう。毒魚とわかっていて、何で食べるのか、いのちを大事にと思ったら食べてはいけないではないか、と思いますよね。しかし、これは福島原発の問題とも関係します。事故が起こったとき、東電の社員は退避すべきではない、という意見がありました。しかし、最近になって言われるのは、やはり退避すべきだったのではないか、というものです。そうすると放射能はおそらく日本中に飛んだかも知れない。それでもいいじゃないか、みんなが東電の電力を享受していたのだから、みんなが放射能を浴びる。そういう責任の取り方があるのではないか、という言い方です。恐ろしいことですが、そういう考え方もあると思うのです。

緒方正人の場合、毒魚とわかっていても、なお魚を食べ続けたのです。漁師が魚を獲るときに自然とのある黙契があります。たとえば稚魚を獲らないというようなことです。生命系を侵さないという約束のもとで魚をいただいている。そういう生命系の循環のなかにいるのです。人間の都合で汚染されたからといって魚を切り捨てるわけにはいかない。自然と共に生きたり死んだりするという発想です。これは本当に自然との共苦・共生ということです。

二つ目は、胎児性水俣病者が生まれてもなお、子どもを産み続けたことです。これは人を選別しない、人と人との共生ということです。

三つ目はチッソの人を殺さなかったということ、これを誇りに思うといっています。実際に自分の祖父母とか、両親、それに子どもさえ失っているのです。みんな殺されたと思っています。チッソには殺されているのだけれど、チッソを殺せなかったのです。究極の他者、敵との共生ということを言っていると思います。

こういう三つのレベルにわたっての共生ということ、緒方正人は共生という言葉をまったく使っていません。しかし、共生の論理を内包した事実を話しました。この事実は重い。ズシンとくる言葉です。

このように考えていくと、私たちが「開発される」人々、それから「開発を享受する」人々、たとえば福島と東京と、そういうそれぞれの場所で原発

をめぐる人々の、自発的服従というハビトゥスがあったと思います。原発を立地した自治体では、一般会計の歳入の多くをその交付金と固定資産税と電力会社からの地域振興を名目とする寄付金に頼るわけです。これがあたり前のようになっています。地域は開発される他力的な姿勢を育てていきながらそれを自覚しないのです。自然とか土地とか労働力、安全等々の社会資本を譲り渡してしまっているのです。それで自前の産業や仕事や技術的なもの、ヴァナキュラーなもの、これは土着的なものという意味ですが、こうした共生的なものを失ってしまうのです。その見返りに、金とか近代化した暮らしとか、ルイ・ヴィトンのバッグとか、従属的な働き場所、働き口、そして箱ものばかりが増えるということになる。こうした生き方を自発的服従のハビトゥスと言っていいと思います。

だけれど、これと同じような自発的服従のハビトゥスが、傍観者である、あるいは無関心であることによっても生まれます。原発による電力を享受する、つまり近代的な生活を享受する、経済成長主義を支える、経済成長だけが唯一の私たちの社会を豊かにする緒であるかのように考える、そういう態度自体が自発的服従と言わざるをえません。今は、もうそういう時代を超えなくてはならないでしょう。被災者たちの、とりわけ死者たちが呼びかけてくる声というのは、生産力ナショナリズムの時代ではないということをはっきり告げているのです。私たちが日常の地面に足をつけた、そういうレベルで、私たちの身振りとハビトゥスを変えていかなければなりません。そういうふうに死者たちの声は訴えかけていると思います。

ほとりに立つという行為は、そうせざるをえない共生行為だと思います。子どもがいまそこで苦しんでいるのであれば、手を差し伸べずにはいられません。からだが動いていかなければならない。そこからすべてが始るのだと思います。

6 「隙間にねじ込み、ぐわっと開く」

最後に、今まで申し上げたことをもう一回繰り返すような言い方になりますが、市場原理と権力的な編制、支配したり、支配されたりする、そういう

生き方とは別の生き方を考えてみたいと思います。これを、アートと言ったり、小さな公共性と言ったり、色々な言い方をしていますが、これは広い意味で「もてなし」です。歓待、贈与、つながり、それによって営まれる暮らし方というのを、いちむらみさこというホームレスのアーティストの言い方を借りていうと「隙間にねじ込み、ぐわっと開く」ということになります。何の隙開かというと、市場原理と権力的な編制で覆われているかのように見える社会の隙間に、こういう生き方をねじ込んで、それを挺子にして、ぐわっと開くというのです。素晴らしい生き方です。

　いちむらみさこは、ダンボールで路上生活をする詩人ですが、この人がガード下のダンボールのなかで寝ていたところ、勤め帰りの酔っぱらいにダンボールを蹴飛ばされるのです。酔っぱらって見えなかったんだなと思い、見えるように銀紙の星を一面に貼りつけたのです。するとキラキラ光るので酔っぱらいも蹴飛ばさないようになったのです。ところが今度は、お掃除をする人が銀紙を片付けてしまったのです。また蹴飛ばされたことで彼女は考えました。気がついてみたら、近くに同じようにダンボールで生活している人たちがいるのです。つながりといいますか、コミュニティと言わない方がよいのかも知れませんが、この人たちが肩を並べていて、みんながそれぞれのダンボールをロケットと呼んでいるのです。ロケットというと宇宙旅行です。みんながそれぞれ距離は離れているのですがお互いに心が通じ合って、同じロケットでの宇宙旅行をしているという、イマジネーションというか、ヴィジョンというか、幻想というか、そういうものを持てたというのです。彼女もそのロケットに加わるのです。それでもう一回銀紙をつけて、そうしたつながりを持った生活をしていったら、ここは安全な場所だということで、女性のホームレスも沢山集まって来たと言っています。

　市場原理の生活世界に暮らしながら、それを内破するという、本当に小さなところから始めていくということを、いちむらみさこの生き方は物語っています。こういうことから学ぶことは多い。

　これは結局、いのちとか、私たちの暮らし、英語にするとライフですが、このヴァイオの部分、これを持続的に保つということ、これをサブシステンス（持続的な生活）と私たちは言っています。小田実がかつて市民を定義し

て、デモに参加する人と言っていました。彼はのちに、自律的に学び、働き、楽しみ、つながり、やりとりする、そして闘う人、そういう人が市民だと再定義しています。持続的ないのちを大事にする。こういう生活を中心軸に持ってくるということです。

　ヴァナキュラーな生き方があります。ヴァナキュラーとは、もともと、根をもつこと、共に棲むこと、という意味をふまえた土着の言葉ですが、イヴァン・イリイチは、この言葉を「互酬によって営まれる暮らし」と定義しています。互酬とは贈与の交換、贈与のやりとりです。ヴァナキュラーな生き方は、ヴァナキュラーな言葉のなかに見えてきます。水俣でいえば「もやい」です。「もやう」と動詞で使うことが水俣では多い。たとえば「お寺に一緒に行こう」というのを「お寺にもようて行こうもんな」といいます。

　それから茂道の網元の杉本栄子・雄夫妻から聞いた「のさり」という言葉が重要です。水俣に限らないと思うのですが、「のさり」という言葉は「賜物」「贈り物」という意味です。「水俣病はのさり」といいます。「台風はのさり」という使い方があります。台風は魚群を連れて来るのです。台風は瓦を飛ばしたりしてひどい目に遭うのですが、不幸なものも持ってくるのだけれど、同時に魚群も連れてくる。そういうプラス面、マイナス面を含めての贈り物なのです。「水俣病はのさり」というのは、一寸絶句する言い方なのですが、水俣病を患うことによって「人間とは何か」とか「いのちとは何か」とか「近代とは何か」、そんなことを漁師の私たちが考えるようになったといわれるのです。これは水俣病あってこそのお蔭というのです。

　「までい」は、今でも使われている飯舘村の言葉で、「万葉集」の時代からあります。心をこめて丁寧にやることです。たとえば「までい」で子育てをするなどといいます。こういうヴァナキュラーな言葉が、それぞれの被災地での大事な言葉なのです。こういう言葉と同じ位置に、私たちがからだを持って立つことが出来ればと思います。こういうことはカール・ポランニーの共生的な社会過程のなかに定位されています。人類史のなかで、贈与・互酬・再分配・市庭が、共生的な社会過程を構成しています。その後に切断があって、不平等な社会過程として市場交換が現れる。互酬とは贈り物とお返しのことをいいます。再分配というのは、王なら王の場所に色々な物や価値

を集めて、それを平等に再分配するという考えです。それから市庭、これは市場という意味の市場とはちょっと違います。これは祝祭の部分を含んでいます。また共生的な部分も含んでいます。こういうコンビビアリティ（conviviality, 共にいきいきと生きる生）がイリイチがかつて住んだメキシコの先住民の村のコモンズで行われていたのです。

　私たちの、現在生きている共生的な社会過程ということがあります。どんなに市場原理が支配的であっても、私たちが生きていることを実感するのは、野の花を愛でたり、好きな手仕事に没頭したり、犬と散歩したり、夕焼け雲に見とれたり、コーヒーの香りのなかで読書したり、人を愛したり、会話を楽しんだり、子育てをしたりする共生の時間ではないでしょうか。共生の社会過程は過去のことではなく、今も生きのびているのです。それがこういう被災という場に輝き出るのですが、私たちが「共に生きる」生き方をもう一回日常のなかにハビトゥスとして埋め込み直していくということが大事ではないかと思います。

▶▶▶ **参考文献**

イリイチ、イヴァン（玉野井芳郎・栗原彬訳）『シャドウ・ワーク――生活のあり方を問う』岩波書店、1982年。
ＮＰＯ法人ココルーム編『記憶と地域をつなぐアートプロジェクト――こころのたねとして：釜ヶ崎2008』大阪市立大学研究プラザ、2009年。
緒方正人『チッソは私であった』葦書房、2001年。
栗原彬「銀紙の星」甲斐賢治・せんだいメディアテーク編『土に着く：ミルフイユ03』赤々舎、2011年。
和合亮一『詩の礫』徳間書店、2011年。
わらじの会編『地域と障害――しがらみを編みなおす』現代書館、2010年。

あ と が き

　『人間学』は、最初、1988年4月に開設されたNHK学園高等学校専攻科・社会福祉コース（通称「コミュニティ・スクール」）の選択科目「人間学」のテキストとして編纂されました。テキスト編集会議が開かれたのは1988年12月。テキストの発行は1989年10月でした。1988年・1989年は、東欧の市民革命、冷戦解体、そして昭和の終焉の時点でもありました。80年代を通じて新自由主義の政治と市場原理が社会を分断すると、自律と共生を求め、市民社会の創造を課題とする市民活動が簇生しました。日本ボランティア学会の前身であるネットワーカーズ会議が組織され、水俣大学の構想も立ち上がりました。『人間学』のテキストは、コミュニティ・スクールとともに、こうした時代の希求と響き合うものがありました。

　1990年代以降に顕在化した社会的格差と貧困、社会的排除と差別、情報社会化と監視社会化、NPOの法制化と行政の下請け化、テロと戦争といった状況を社会的背景にして、2006年に私たちは『人間学』のテキストの〈改訂版〉を造りました。執筆陣に天田城介さんを迎えて「アイデンティティ」と「やりとりする／ケアする」の項が補強されました。

　〈改訂版〉の刊行から間もなく、コミュニティ・スクールの制度変更に伴って「人間学」がなくなったことと、以前から、大学や市民活動の現場でテキストとして使用したいという要望があったことと併せて、世織書房の伊藤晶宣さんが本として出版することを申し出られました。本書は身振りの政治学の強度を増すように、2冊のテキスト〈初版〉と〈改訂版〉とを合わせて編集し直して、更に2011年3月11日の東日本大震災がおよび福島原発災害の経験に即して改訂の手を加えて出版するものです。

　本の出版を認めて下さったNHK学園コミュニティ・スクールに感謝します。『人間学』の最初の読者として、私たちを批判したり、励まして下さっ

たコミュニティ・スクール（CS）の学生たちおよび卒業生たちが組織するCSネットワークの市民たちに感謝します。また、「人間学」のスクーリングを担当したり、CSネットワークの全国研修大会で講演をお願いした原田正純さんをはじめとする講師の方々にお礼申し上げます。『人間学』〈初版〉のテキストの編集に、市民自律と共生への理念と情熱をもって取り組まれたコミュニティ・スクールの山本正興さんと伊藤由紀子さん、伊藤さんとともに〈改訂版〉の編集を担当された藤野祥子さんと小暮幸子さんに敬意と感謝を捧げます。

最後に新しい『人間学』がよい本になるように、努力を傾注された世織書房の編集者門松貴子さんに感謝申し上げます。

2015年3月26日

栗原　彬

●執筆者紹介（執筆順）

栗原　彬（くりはら・あきら）
　1936年、栃木生まれ。東京大学教養学部教養学科卒。同大学大学院社会学研究科博士課程修了。主な著書に『やさしさのゆくえ＝現代青年論』（筑摩書房、1981年）、『管理社会と民衆理性』（新曜社、1982年）、『人生のドラマトゥルギー』（岩波書店、1994年）、『「存在の現れ」の政治──水俣病という思想』（以文社、2005年）、『やさしさの存在証明』（新曜社、1996年）などがある。
《第Ⅰ章、第Ⅱ章、第Ⅵ章、第Ⅶ章》

内田八州成（うちだ・やすなり）
　1956年、福島生まれ。東京大学教養学科相関社会科学科卒。同大学大学院社会学研究科博士課程修了。エサレン研究所長期研究生などを経て、ゲシュタルト・プラクティスや「からだと気づき」に関するワークショップを行っている。主な著書に『現代社会学の名著』（中公新書、共著、1989年）などがある。
《第Ⅱ章》

天田城介（あまだ・じょうすけ）
　1972年、埼玉生まれ。立教大学社会学部卒。同大学大学院社会学研究科博士課程修了。中央大学文学部社会学専攻教授。主な著書に『〈老い衰えゆくこと〉の社会学』（多賀出版、2003年、〔普及版〕2007年、〔増補改訂版〕2010年）、『老い衰えゆく自己の／と自由』（ハーベスト社、2004年、〔第2版〕2015年）、『老い衰えゆくことの発見』（角川学芸出版、2011年）、近刊として『18歳から考える社会学』（法律文化社）などがある。
《第Ⅱ章、第Ⅴ章》

杉山光信（すぎやま・みつのぶ）
　1945年、東京生まれ。東京大学文学部社会学科卒。同大学大学院博士課程修了。主な著書に『学問とジャーナリズムの間』（みすず書房、1989年）、『戦後日本の〈市民社会〉』（みすず書房、2001年）、訳書にアリエス『〈子供〉の誕生』（みすず書房、共訳、1980年）などがある。
《第Ⅲ章、第Ⅵ章》

吉見俊哉（よしみ・しゅんや）
　1957年、東京生まれ。東京大学教養学部相関社会科学科卒。同大学大学院社会学研究科博士課程単位取得退学。東京大学大学院情報学環教授。主な著書に『都市のドラマトゥルギー』（弘文堂、1987年）、『博覧会の政治学』（講談社学術文庫、2010年、原著1992年）、『カルチュラル・スタディーズ』（岩波書店、2000年）、『カルチュラル・ターン、文化の政治学へ』（人文書院、2003年）、『万博と戦後日本』（講談社学術文庫、2011年、原著2005年）などがある。《第Ⅳ章》

人 間 学

2015年10月10日　第1刷発行Ⓒ

編　者	栗原　彬
装幀者	Ｔ・冠着
発行者	伊藤晶宣
発行所	(株)世織書房
印刷所	(株)ダイトー
製本所	(株)ダイトー

〒220-0042　神奈川県横浜市西区戸部町7丁目240番地 文教堂ビル
電話045(317)3176　振替00250-2-18694

落丁本・乱丁本はお取替いたします　Printed in Japan
ISBN978-4-902163-81-0

黒坂愛衣
ハンセン病家族たちの物語
4000円

屋嘉比収
沖縄戦、米軍占領史を学びなおす
◎記憶をいかに継承するか

3800円

川本輝夫／久保田・阿部・平田・高倉＝編
水俣病誌
8000円

東海林吉郎・菅井益郎
［新版］通史・足尾鉱毒事件 1877 〜 1984
2700円

矢野智司
意味が躍動する生とは何か
◎遊ぶ子どもの人間学

1500円

〈価格は税別〉

世織書房